Culinária vegetariana:
princípios e benefícios

Êmellie Cristine Alves
Natália Ferreira de Paula

Culinária vegetariana:
princípios e benefícios

inter saberes

Rua Clara Vendramin, 58 . Mossunguê . CEP 81200-170
Curitiba . PR . Brasil . Fone: (41) 2106-4170
www.intersaberes.com . editora@intersaberes.com

Conselho editorial
Dr. Alexandre Coutinho Pagliarini
Drª Elena Godoy
Dr. Neri dos Santos
Mª Maria Lúcia Prado Sabatella

Editora-chefe
Lindsay Azambuja

Gerente editorial
Ariadne Nunes Wenger

Assistente editorial
Daniela Viroli Pereira Pinto

Preparação de originais
Ana Maria Ziccardi

Edição de texto
Arte e Texto Edição e Revisão de Textos
Monique Francis Fagundes Gonçalves

Capa
Charles L. da Silva (*design*)
Karl Allgaeuer, Mirian Goulart Nogueira
e SAM THOMAS A/Shutterstock
(imagens)

Projeto gráfico
Charles L. da Silva (*design*)
Iryn/Shutterstock (imagens)

Diagramação
Kelly Adriane Hübbe

Designer **responsável**
Sílvio Gabriel Spannenberg

Iconografia
Regina Claudia Cruz Prestes
Sandra Lopis da Silveira

Dados Internacionais de Catalogação na Publicação (CIP)
(Câmara Brasileira do Livro, SP, Brasil)

Alves, Êmellie Cristine
   Culinária vegetariana: princípios e benefícios / Êmellie Cristine Alves,
Natália Ferreira de Paula. Curitiba, PR: InterSaberes, 2025.

   Bibliografia.
   ISBN 978-85-227-1528-2

   1. Culinária (Receitas) 2. Culinária vegetariana I. Paula, Natália
Ferreira de. II. Título.

24-210673   CDD-641.5636

Índices para catálogo sistemático:
1. Culinária vegetariana: Economia doméstica   641.5636

Cibele Maria Dias – Bibliotecária – CRB-8/9427

1ª edição, 2025.
Foi feito o depósito legal.
Informamos que é de inteira responsabilidade das autoras a emissão de conceitos.
Nenhuma parte desta publicação poderá ser reproduzida por qualquer meio ou forma
sem a prévia autorização da Editora InterSaberes.
A violação dos direitos autorais é crime estabelecido na Lei n. 9.610/1998 e punido pelo
art. 184 do Código Penal.

Sumário

Apresentação, 9
Como aproveitar ao máximo este livro, 11

Capítulo 1
Conceitos básicos do vegetarianismo, 15

1.1 Contexto histórico, 17
1.2 Introdução ao vegetarianismo e ao veganismo, 18
1.3 Ética e vegetarianismo, 21
1.4 Tipos de vegetarianismo, 23

Capítulo 2
Aspectos nutricionais da dieta saudável, 29

2.1 Grupos alimentares para o vegetarianismo, 31
2.2 Macronutrientes, 34
2.3 Micronutrientes, 45
2.4 Vegetarianismo nos diferentes ciclos da vida, 52
2.5 Receitas para as diferentes fases da vida, 54

Capítulo 3
Principais ingredientes da culinária vegetariana, 65

3.1 Matérias-primas para preparações vegetarianas, 67
3.2 Técnicas de pré-preparo e preparo, 104
3.3 Receitas vegetarianas para café da manhã, 106
3.4 Receitas vegetarianas para grandes refeições, 113
3.5 Receitas vegetarianas para lanches, 121

Capítulo 4
Formas de empreender com a culinária vegetariana, 133

4.1 Empreendedorismo em gastronomia vegetariana, **135**
4.2 Gastronomia funcional vegetariana, **137**
4.3 Confeitaria vegetariana, **149**
4.4 Eventos, **157**

Capítulo 5
Práticas para a gastronomia sustentável, 175

5.1 Prática de gestão ambiental, **177**
5.2 Características de uma dieta sustentável, **178**
5.3 Sazonalidade, **180**
5.4 Estratégias para promoção da sazonalidade na gastronomia, **183**
5.5 Tipos de produção de alimentos, **184**
5.6 Alimentos transgênicos, **188**
5.7 Estratégias para uma gastronomia responsável e sustentável, **191**
5.8 Plantas alimentícias não convencionais e agricultura local, **195**

Considerações finais, **205**
Referências, **207**
Respostas, **217**
Sobre as autoras, **223**

Dedicamos esta obra às nossas famílias, pelo apoio incondicional, aos professores e às professoras, por todo o aprendizado, e aos alunos e às alunas que, como dizia Paulo Freire, nos proporcionaram aprender todos os dias ao ensinar.

Eu, Natália, dedico este livro a meu filho Pedro, que é uma criança curiosa e que se interessa muito por culinária, além de ser meu companheiro, admirador e apoiador em todas as demandas da vida.

Eu, Êmellie, como gratidão pelo conhecimento adquirido, dedico esta obra à minha querida mãe, Valéria (*in memorian*). Por meio das experiências compartilhadas com ela, pude desenvolver o amor pelos alimentos.

Apresentação

Embora a alimentação possa ser definida, simplesmente, como a ingestão dos nutrientes necessários para o bom funcionamento do organismo, o ato de alimentar-se ultrapassa as questões biológicas e abrange todos os aspectos do indivíduo. Nesse sentido, as práticas alimentares adotadas por cada um de nós constituem um ato social carregado de significados, tradições, crenças, fatores sociais, biológicos e psicológicos. Todos esses aspectos, por vezes, são reduzidos ao "gosto pessoal" e à situação de vida de cada indivíduo, entretanto, é a soma de todos eles que resulta na prática dos diferentes modelos alimentares.

Entre os diferentes modelos alimentares está a prática do vegetarianismo, considerada, nesta obra, como a exclusão do consumo de carnes, com a ingestão, ou não, de seus derivados e subprodutos. O aumento de indivíduos que se identificam com o vegetarianismo e adotam esse modelo alimentar e de outros que se simpatizam com esse tipo de dieta resultou em uma nova demanda: preparações não apenas sem o uso de produtos de origem animal, mas também atrativas, variadas e saudáveis.

Esta obra, portanto, destina-se às pessoas que desejam conhecer as potencialidades da culinária vegetariana no campo da gastronomia, seja por objetivos profissionais, seja por objetivos pessoais. Nosso objetivo é orientar o leitor a identificar os nutrientes adequados para a manutenção da saúde valorizando as motivações pessoais e, principalmente, o prazer de se alimentar.

Sendo assim, abordaremos os principais conceitos que envolvem a prática da alimentação vegetariana saudável e saborosa, os alimentos, as técnicas e as preparações desse modelo alimentar. Para tanto, os conteúdos foram organizados em cinco capítulos, descritos a seguir.

No Capítulo 1, apresentamos um panorama geral sobre a prática do vegetarianismo na história para explicar como a dieta vegetariana surgiu, desenvolveu-se e foi modificada ao longo do tempo. Examinamos as principais motivações que levam à adoção desse modelo alimentar e as diferenças entre os tipos de vegetarianismo, uma vez que a alimentação desenha os saberes e as vivências de um indivíduo e de seu grupo social que refletem no seu padrão de consumo alimentar.

No Capítulo 2, apontamos os aspectos nutricionais da dieta vegetariana para sanar as dúvidas mais frequentes com relação à transição alimentar para o vegetarianismo. Infelizmente, não basta apenas excluir completamente o consumo de produtos de origem animal, são necessários outros ajustes no consumo alimentar para garantir o aporte nutricional adequado. Por isso, nesse capítulo, abordamos os pontos que demandam maior atenção no que diz respeito aos macronutrientes e aos micronutrientes na dieta vegetariana nas diferentes fases da vida.

No Capítulo 3, abordamos, brevemente, os principais tipos de alimentos utilizados em preparações vegetarianas, acompanhados de informações nutricionais. Também descrevemos técnicas simples de preparações e sem o uso de alimentos de origem animal.

No Capítulo 4, indicamos preparações pensadas para ocasiões especiais e eventos, apresentando algumas ideias para unir a prática da gastronomia vegetariana com a gastronomia funcional.

No Capítulo 5, abordamos as estratégias para a prática da gastronomia sustentável, universo no qual a gastronomia vegetariana está inserida. Explicamos aspectos importantes para uma dieta sustentável, analisamos a importância da sazonalidade na produção de alimentos e examinamos a diferença entre alimentos convencionais, alimentos orgânicos e alimentos transgênicos. Indicamos também como aproveitar e reaproveitar, de maneira integral, os alimentos e quais as principais estratégias para promoção da gastronomia sustentável.

Este livro foi organizado como um convite à descoberta da culinária vegetariana, que tem crescido em número de adeptos e revelado muitos benefícios para a manutenção da saúde dos indivíduos e do planeta. Por isso, também convidamos o leitor a colocar "a mão na massa" para testar as preparações sugeridas ao longo de nossa abordagem.

Boa leitura e bom apetite!

Como aproveitar ao máximo este livro

Empregamos, nesta obra, recursos que visam enriquecer seu aprendizado, facilitar a compreensão dos conteúdos e tornar a leitura mais dinâmica. Conheça, a seguir, cada uma dessas ferramentas e saiba como elas estão distribuídas no decorrer deste livro para bem aproveitá-las.

Conteúdos do capítulo

Logo na abertura do capítulo, relacionamos os conteúdos que nele serão abordados.

Após o estudo deste capítulo, você será capaz de:

Antes de iniciarmos nossa abordagem, listamos as habilidades trabalhadas no capítulo e os conhecimentos que você assimilará no decorrer do texto.

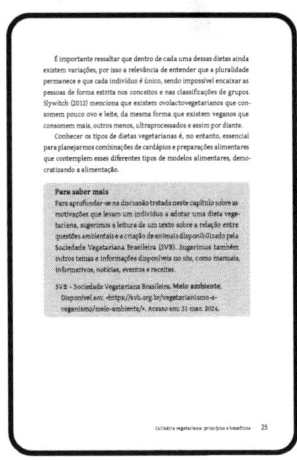

Para saber mais

Sugerimos a leitura de diferentes conteúdos digitais e impressos para que você aprofunde sua aprendizagem e siga buscando conhecimento.

Preste atenção!

Apresentamos informações complementares a respeito do assunto que está sendo tratado.

Importante!

Algumas das informações centrais para a compreensão da obra aparecem nesta seção. Aproveite para refletir sobre os conteúdos apresentados.

Fique atento!

Ao longo de nossa explanação, destacamos informações essenciais para a compreensão dos temas tratados nos capítulos.

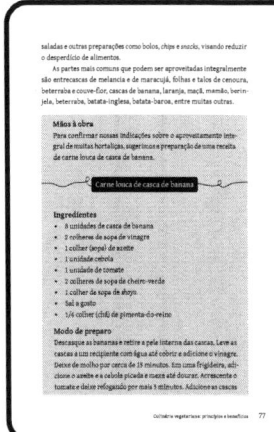

Mãos à obra

Nesta seção, propomos atividades práticas com o propósito de estender os conhecimentos assimilados no estudo do capítulo, transpondo os limites da teoria.

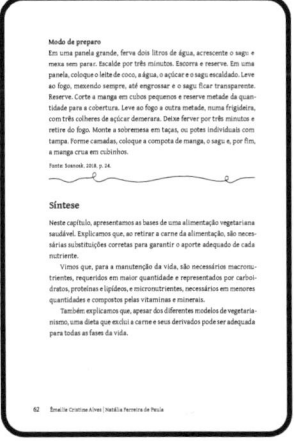

Síntese

Ao final de cada capítulo, relacionamos as principais informações nele abordadas a fim de que você avalie as conclusões a que chegou, confirmando-as ou redefinindo-as.

Questões para revisão

Ao realizar estas atividades, você poderá rever os principais conceitos analisados. Ao final do livro, disponibilizamos as respostas às questões para a verificação de sua aprendizagem.

Questões para reflexão

Ao propor estas questões, pretendemos estimular sua reflexão crítica sobre temas que ampliam a discussão dos conteúdos tratados no capítulo, contemplando ideias e experiências que podem ser compartilhadas com seus pares.

Capítulo 1

Conceitos básicos do vegetarianismo

Êmellie Cristine Alves
Natália Ferreira de Paula

Conteúdos do capítulo
- Definição de vegetarianismo.
- Motivações relacionadas ao vegetarianismo.
- Características das dietas vegetarianas.

Após o estudo deste capítulo, você será capaz de:
1. compreender os conceitos de dietas alternativas;
2. reconhecer os principais modelos de dietas vegetarianas;
3. entender as motivações relacionadas à escolha do vegetarianismo.

1.1 Contexto histórico

A presença de produtos de origem animal na alimentação do homem parece ter surgido apenas após o domínio do fogo, ou seja, há, aproximadamente, 300 mil anos. Mesmo em comunidades caçadoras, o consumo de vegetais era muito marcante, indicando que, para a maioria das sociedades, a carne não permanecia como o único alimento (Phelps, 2007). Durante o Período Neolítico (7 mil a.C. a 2500 a.c.), com o desenvolvimento de técnicas de cultivo vegetal, pequenos animais passaram a ser atraídos para esses espaços, como porcos selvagens, cabras, felinos e aves, que, aos poucos, foram sendo domesticados, e alguns passaram a ser utilizados na alimentação humana. A partir desse momento, a carne tornou-se parte do consumo alimentar (Ferreira; Metello, 2013).

Apesar dessa mudança significativa na alimentação humana, desde muito tempo ao longo da história, muitos personagens importantes identificaram-se com o vegetarianismo e promoveram sua prática.

Na Grécia Antiga, o consumo de carne já era questionado pelo matemático e filósofo grego Pitágoras (570-490 a.C.), por exemplo, que considerava a prática do vegetarianismo com base em três pontos principais: veneração religiosa, saúde física e responsabilidade ecológica. Para Pitágoras, excluir a carne da alimentação era a chave para a coexistência pacífica entre humanos e animais (Ferreira; Metello, 2013).

Uma das figuras mais importantes do Renascimento, Leonardo da Vinci defendeu uma dieta que "não contenha sangue e magoe qualquer coisa viva" (Nicholl, 2004, p. 62, tradução nossa), indicando a prática do vegetarianismo. Posteriormente, durante o século XVII, o filósofo francês René Descartes disseminou a ideia de que os animais não possuem sentimentos, o que gerou grande revolta entre os pensadores da época. Apesar dessa declaração polêmica, Descartes adotou uma alimentação vegetariana pautada sobre princípios de saúde. No século XVIII, o Iluminismo retomou as discussões a respeito de os animais serem seres sensíveis e dotados de inteligência, e questões morais surgiram em defesa da vida animal (Nicholl, 2004).

Durante o século XIX, foram propostos estudos comparando as dietas vegetarianas e onívoras, o que manteve acesas as conversas em torno do vegetarianismo. Ao final do século XX, o consumo de carne passou a ser associado a inúmeros problemas de saúde e o regime vegetariano foi, novamente, relacionado a um estilo de vida saudável.

Na atualidade, existem alguns contrapontos em relação à escolha da dieta vegetariana. Por um lado, é comum a adoção do estilo de vida vegetariano como uma forma de minimizar os impactos ambientais provocados pela pecuária, tendo em vista que, para a produção de um quilo de carne, são necessários 20 mil litros de água (Alves, 2016). Falar sobre a dieta vegetariana saudável significa, portanto, também falar sobre a nutrição adequada, questões éticas, sociais e ambientais.

Por outro lado, como consequência de fatores como a desigualdade social e a falta de planejamento urbano, alguns cidadãos têm dificuldade de adquirir alimentos saudáveis em razão dos desertos alimentares. Esse termo é usado para se referir a áreas geográficas cujo acesso a alimentos *in natura* ou minimamente processados é escasso, pela falta de oferta, ou impossível, em razão de preços altos, levando as pessoas a se locomoverem para outras regiões das cidades quando precisam comprar esses itens, essenciais a uma alimentação saudável. Bairros das periferias dos centros urbanos são exemplos de desertos alimentares.

1.2 Introdução ao vegetarianismo e ao veganismo

Como vimos anteriormente, a prática da dieta vegetariana foi ganhando força ao longo dos anos e, atualmente, observamos que a presença de princípios bem delineados permite-nos compreender todas as vertentes que levam ao vegetarianismo. Antes de detalharmos as motivações em torno da dieta vegetariana, é preciso, contudo, compreender outras práticas alimentares.

De modo geral, dietas baseadas no livre consumo de produtos de origem animal predominam nas sociedades, por isso adotaremos o termo *dietas alternativas* para apresentar práticas alimentares que variam quando comparadas à dieta comum adotada pelo povo brasileiro em geral. As dietas alternativas variam de acordo com os hábitos e a vocação agrícola da região. Comumente, essas alternativas são propostas como um diferencial, relacionado a questões de saúde, ambientais, éticas, filosóficas, sociais, econômicas ou religiosas. Apresentaremos, brevemente, algumas das dietas alternativas em relação às dietas brasileiras mais conhecidas.

- **Dieta mediterrânea:** Composta por alimentos, tradicionalmente, presentes na região do Mar Mediterrâneo, está presente em países como França, Espanha, Grécia e Itália. A dieta mediterrânea baseia-se no consumo de cereais integrais, frutas, verduras, nozes, feijões, azeites e carnes ricas em ômega 3, como salmão, sardinha e atum. O consumo de carne vermelha, açúcar e farinha branca deve ser evitado. Laticínios devem ser consumidos moderadamente e em porções menores.
- **Dieta paleolítica:** Como o nome sugere, essa prática alimentar baseia-se no consumo de alimentos que, supostamente, eram utilizados durante a Era Paleolítica. Nessa dieta, consome-se carnes magras, peixes, mariscos, frutas, vegetais, sementes, ovos e nozes. O consumo de alimentos processados, cereais e leguminosas é proibido.
- **Dieta macrobiótica:** Fundamentada na filosofia chinesa, segundo a qual existem, na natureza, duas forças opostas que se complementam: *yin* (energia negativa, fria) e *yang* (positiva, quente). Essa dieta baseia-se no consumo de cereais integrais e proporções específicas dos grupos alimentares, escolhidos com base no equilíbrio dessas duas forças. O consumo de carnes, derivados e ovos é opcional e deve ser feito com moderação.

- **Dieta ayurvédica:** Baseia-se no sistema de medicina tradicional indiana focado na longevidade e busca o restabelecimento da harmonia corporal. Em relação à alimentação, as escolhas devem priorizar cereais integrais, leguminosas e frutas, o consumo de carnes e derivados pode ser feito com moderação, considerando como cada alimento age no metabolismo de cada indivíduo.

Como vemos pela descrição das dietas alternativas que citamos, sua prática pode, ou não, incluir o consumo da carne e de seus derivados e, para cada variação, encontramos uma ou mais motivações associadas.

Abordaremos a prática do vegetarianismo e todas as suas possibilidades mais adiante neste capítulo.

As práticas alimentares dos indivíduos constituem, como já apontamos, um ato social, com significados, tradições, crenças e outros fatores. A esse respeito, o médico Eric Slywitch (2012), especialista em nutrição, indica algumas das principais motivações responsáveis pelas variações nas práticas alimentares, como espiritualidade, religião, saúde, família, meio ambiente, ética e filosofia.

Ética e filosófica: Muitos indivíduos retiram o consumo de carne e seus derivados da alimentação por entender que os animais têm o mesmo direito à vida que os seres humanos, rejeitando, portanto, a ideia de sacrificar o animal para satisfazer o apetite ou qualquer outra necessidade (Slywitch, 2012).

O hinduísmo, umas das principais religiões da Índia, orienta que a alimentação seja baseada no consumo de cereais e frutas porque considera que a vaca e outros animais são a encarnação de divindades. Outras correntes religiosas também sugerem e/ou adotam a dieta vegetariana, como adventismo, espiritismo, budismo, jainismo e zoroastrismo (Slywitch, 2012).

O impacto ambiental provocado durante a cadeia de produção da carne e de seus subprodutos é outra motivação para rejeitar seu consumo. A prática da pecuária exige demais dos recursos naturais, levando ao desmatamento e ao consumo de alto volume de água. Para ilustrar, basta lembrar, como já citamos, que a produção de um quilo de carne, por exemplo, exige cerca de 20 mil litros de água, enquanto, para a produção de um quilo de trigo, o gasto cai para 150 litros. O impacto torna-se ainda mais expressivo quando observamos que são abatidos, aproximadamente, 80 bilhões de animais terrestres em todo o mundo destinados para consumo (Slywitch, 2022).

A prática do vegetarianismo tem sido associada também à melhor qualidade de vida e à maior promoção da saúde. De modo geral, são observados menores índices de hipertensão, diabetes *mellitus*, obesidade e dislipidemias, o que pode estar relacionado a uma dieta com maior teor de carboidratos complexos e antioxidantes, bem como a um menor consumo de gorduras saturadas e colesterol.

1.3 Ética e vegetarianismo

Geralmente, a adoção do vegetarianismo motivada por princípios éticos está ligada ao veganismo, cujos adeptos, além de não consumir carne e outros alimentos de origem animal, também defendem "a libertação dos animais não humanos por meio da abolição de todas as formas de exploração que lhes são impostas" pelos humanos (Brügger, 2009, p. 206). A adoção desses princípios não está restrita apenas à alimentação, mas diz respeito também ao consumo de qualquer produto de origem animal. Como descreve Brügger (2009, p. 206), no veganismo,

> não se utiliza couro (ou qualquer outro tipo de pele), lã ou seda e, no geral, quaisquer produtos ou itens que tenham sido testados em animais, ou que contenham ingredientes de origem animal (por exemplo, cosméticos, produtos de limpeza, aditivos de alimentos, objetos de decoração etc.). O princípio abolicionista, norteador do veganismo, exclui também o comércio de animais de estimação, o uso de animais para esportes ou diversão [zoológicos, circos, touradas, rodeios etc.], a vivissecção etc.

Esse posicionamento está relacionado a uma percepção de que os animais são seres sencientes, o que significa que são capazes de sofrer ou sentir prazer e felicidade, levando muitos indivíduos a não quererem participar de nenhuma forma de prática que cause dor ou sofrimento animal (Slywitch, 2022).

Como esclarece a socióloga Aline Trigueiro (2013, p. 238, grifo do original):

> Esse tipo de posicionamento ético projeta para o cerne desse movimento uma responsabilidade para com o ato de consumo, sendo o mesmo reconhecido enquanto parte importante da construção de um *modus vivendi* vegano. [...] Trata-se do que consideramos nomear como um tipo de *consumo reflexivo*, principalmente quando são analisados os interesses e as ações que o produzem:
> a. uma avaliação crítica da relação humanidade-animalidade na atualidade;
> b. uma mobilização política, sob a forma de ativismo, que incorpora novos processos de subjetivação e redefinição de estilos de vida e consumo, e, por fim,
> c. um posicionamento ético que busca repensar as formas segundo as quais devemos viver.

Assim, para aqueles que compartilham dessa visão de mundo, a alimentação como forma de consumo deve se basear em produtos de origem vegetal, que não gerem dor, sofrimento e nenhuma forma de exploração aos animais humanos e não humanos. Nesse sentido, é importante considerar esse tipo de posicionamento ético no momento da preparação de cardápios, contemplando a população de vegetarianos que, atualmente, representa, aproximadamente, 14% dos adultos brasileiros (Slywitch, 2022).

1.4 Tipos de vegetarianismo

A International Vegetarian Union (IVU, 2013) define o vegetarianismo como uma prática alimentar de consumo de alimentos vegetais, podendo incluir cogumelos, algas e sal, sem a ingestão de carne animal (boi, porco, aves, peixes, frutos do mar, entre outras), e pode, ou não, incluir produtos lácteos, ovos e/ou mel.

Ao analisar a dieta de diferentes populações e o que elas consomem, encontramos diversas definições que classificam os grupos de pessoas com base nos tipos de alimentos que fazem parte de sua dieta. Existem, portanto, diferentes modelos alimentares que podem ser incluídos no conceito de vegetarianismo.

Os conceitos de dieta onívora, vegetariana, ovolactovegetariana, lactovegetariana, ovovegetariana, vegetariana estrita, vegana, *plant-based diet*, semivegetariana, pescovegetariana, flexitariana, reducitariana, polovegetariana, crudivorista e frugivorista serão apresentados nesta seção.

De acordo com Slywitch (2012), o ponto comum a todos os tipos de dietas vegetarianas é a exclusão absoluta de qualquer tipo de carne. Suas derivações seguem de acordo com o fato de ser adicionado algum alimento de origem animal e/ou a exclusão total de qualquer tipo de alimento dessa origem.

Quadro 1.1 – Tipos de dieta vegetariana

Tipo de dieta	Consumo permitido	Restrições
Dieta vegetariana	Legumes, vegetais, grãos, frutas, cereais, carboidratos, algas e outros alimentos de origem vegetal	Exclusão absoluta de qualquer tipo de carne
Ovolactovegetariana	Dieta vegetariana, ovos, leite e laticínios	Exclusão absoluta de qualquer tipo de carne

(continua)

(Quadro 1.1 - conclusão)

Tipo de dieta	Consumo permitido	Restrições
Lactovegetariana	Dieta vegetariana, leite e laticínios	Exclusão absoluta de qualquer tipo de carne e ovos
Ovovegetariana	Dieta vegetariana com consumo de ovos	Exclusão absoluta de qualquer tipo de carne, leite e laticínios
Vegetariana estrita	Dieta vegetariana	Nenhum alimento de origem animal
Vegana	Dieta vegetariana estrita, com consumo estrito também do vestuário, que deve privilegiar tecidos de fibras naturais, como algodão e linho, além de *rayon*, poliéster, lycra, cetim, veludo, fibras feitas de recicláveis, como garrafas PET e tecidos de descarte da indústria têxtil	Exclusão absoluta de qualquer alimento de origem animal, bem como, na medida do possível e praticável, o consumo de produtos oriundos de exploração e crueldade animal, tanto na alimentação e no vestuário (lã, seda, couro etc.) quanto no lazer e nos cosméticos, que não devem ser testados em animais
Plant-based diet, ou *whole food plant-based diet*	Alimentos em sua forma integral, ou minimamente processados, com mínimas quantidades de sal e óleo vegetal adicionado	Qualquer produto de origem animal, como carnes, ovos, laticínios e mel
Semivegetariana, pescovegetariana, flexitariana, reducitariana, polovegetariana	Praticamente vegetariana, mas consome carnes brancas em até três refeições por semana, variando essa frequência.	Carne vermelha
Crudivorista, ou *alimentação viva*	Apenas alimentos crus, de origem vegetal ou animal, preferencialmente germinados, fermentados ou desidratados.	Alimentos aquecidos acima de 42 °C e alimentos industrializados
Frugivorista	Frutas, vegetais e oleaginosas	Carnes e cereais

Fonte: Elaborado com base em IVU, 2013; Slywitch, 2012; Trigueiro, 2013.

É importante ressaltar que dentro de cada uma dessas dietas ainda existem variações, por isso a relevância de entender que a pluralidade permanece e que cada indivíduo é único, sendo impossível encaixar as pessoas de forma estrita nos conceitos e nas classificações de grupos.

Slywitch (2012) menciona que existem ovolactovegetarianos que consomem pouco ovo e leite, da mesma forma que existem veganos que consomem mais, outros menos, ultraprocessados e assim por diante.

Conhecer os tipos de dietas vegetarianas é, no entanto, essencial para planejarmos combinações de cardápios e preparações alimentares que contemplem esses diferentes tipos de modelos alimentares, democratizando a alimentação.

> **Para saber mais**
> Para aprofundar-se na discussão tratada neste capítulo sobre as motivações que levam um indivíduo a adotar uma dieta vegetariana, sugerimos a leitura de um texto sobre a relação entre questões ambientais e a criação de animais disponibilizado pela Sociedade Vegetariana Brasileira (SVB). Sugerimos também outros temas e informações disponíveis no *site*, como manuais, informativos, notícias, eventos e receitas.
>
> SVB – Sociedade Vegetariana Brasileira. **Meio ambiente.** Disponível em: <https://svb.org.br/vegetarianismo-e-veganismo/meio-ambiente/>. Acesso em: 31 mar. 2024.

Síntese

Neste capítulo, apresentamos a história e a evolução do vegetarianismo, explicamos as primeiras formas de produção de alimentos e sua relação com a alimentação vegetariana. Resgatamos conhecimentos iniciais de filósofos gregos que já aderiam ao vegetarianismo sob a justificativa do bem ao corpo e alinhamentos à religião, bem como de boas relações entre a sociedade.

Vimos também as principais dietas alternativas, entre as quais se insere a alimentação vegetariana. Em seguida, tratamos das principais motivações para as pessoas que adotam esse modelo alimentar: questão ambiental, sofrimento animal, questão religiosa e questão ética, muito ligada ao veganismo.

Abordamos também as variações dessa dieta, como vegetarianismo estrito, veganismo, com a exclusão total de alimentos de origem animal, e semivegetarianismo, em que as pessoas consomem uma quantidade reduzida de carne.

Questões para revisão

1. Considerando os tipos de dietas alternativas, assinale a alternativa que associa corretamente o tipo de dieta com a sua motivação:
   a) Dieta paleolítica: motivações religiosas.
   b) Dieta mediterrânea: motivações éticas.
   c) Dieta macrobiótica: motivações filosóficas.
   d) Dieta vegetariana: mais acessível economicamente.
   e) Dieta ayurvédica: maior disponibilidade de nutrientes.

2. Descreva os fatores que favorecem a popularização das dietas vegetarianas.

3. Assinale a alternativa que indica a principal característica que todas as dietas vegetarianas mencionadas no texto têm em comum:
   a) O consumo exclusivo de alimentos crus.
   b) A exclusão total de ovos e laticínios.
   c) A ausência de qualquer tipo de carne animal.
   d) A inclusão de carnes brancas em até três refeições por semana.
   e) O consumo de ovos.

4. Assinale a alternativa que indica a dieta vegetariana que exclui completamente qualquer produto de origem animal:
   a) Ovolactovegetariana.
   b) Vegana.
   c) Lactovegetariana.
   d) Semivegetariana.
   e) Flexitariana.

5. Qual é a percepção ética que motiva muitos indivíduos a adotarem o veganismo?

Questão para reflexão

1. Como responsável pela renovação do cardápio de um restaurante, você precisa adaptá-lo para atender a dietas vegetarianas, ovolactovegetariana, vegana e frugivorista, mantendo a diversidade de opções e garantindo uma experiência gastronômica satisfatória para todos os clientes. Quais adaptações você faria? O que manteria, o que excluiria e o que incluiria no cardápio? Explique sua abordagem em um texto escrito e compartilhe com seu grupo de estudo.

Capítulo 2

Aspectos nutricionais da dieta saudável

Êmellie Cristine Alves

Conteúdos do capítulo
- Conceito e características da alimentação saudável.
- Conceito e exemplos de macronutrientes e micronutrientes.

Após o estudo deste capítulo, você será capaz de:
1. compreender a distribuição de nutrientes para a dieta vegetariana;
2. identificar as principais substituições utilizadas nas preparações vegetarianas.

2.1 Grupos alimentares para o vegetarianismo

Comprovadamente, a dieta vegetariana pode trazer benefícios à saúde, como a menor prevalência de doenças crônicas não transmissíveis (DCNT), menores índices de glicemia, melhor controle dos níveis de pressão arterial, manutenção do peso corporal, entre outros.

Independentemente, entretanto, do modelo de consumo alimentar, preferências, crenças, alergias, intolerâncias e, principalmente, a capacidade de planejar as refeições afetam diretamente o consumo alimentar da população, o que também acontece no vegetarianismo. Dessa forma, podemos dizer que os benefícios associados à dieta vegetariana estão condicionalmente atrelados à escolha dos alimentos que compõem as refeições.

Com a popularização dos modelos alimentares que excluem o consumo da carne e de seus subprodutos, observamos que mais pessoas buscam saber como obter os benefícios de uma alimentação vegetariana saudável e equilibrada. Diante desse cenário, é comum que surjam questões como: Quais são as proporções adequadas de cada nutriente? Quais alimentos devem compor as refeições? E, principalmente, quais carências nutricionais demandam maior atenção?

De modo geral, essas preocupações se traduzem nas possibilidades de combinações e de proporção de escolha dos grupos alimentares. Dessa forma, a fim de planejar um cardápio e/ou uma refeição que atenda às necessidades nutricionais do indivíduo, é válido ao profissional de gastronomia conhecer as principais indicações para esse público.

Felizmente, os princípios que norteiam uma alimentação vegetariana saudável têm muitos pontos em comum com o estabelecido para a população em geral. A base da alimentação deve ser composta por alimentos *in natura* ou minimamente processados, gorduras monoinsaturadas e poli-insaturadas, além de alto teor de fibras alimentares, vitaminas e minerais. Uma alimentação saudável deve vir acompanhada da redução do consumo de açúcar, gorduras saturadas, sódio, alimentos processados e ultraprocessados.

De acordo com a Dietary Reference Intakes (DRI)[1], para um indivíduo adulto, uma dieta deve conter cerca de 2.000 kcal. Para comparação, apresentamos, na Tabela 2.1, uma sugestão de distribuição dos grupos alimentares para uma dieta vegetariana estrita contendo 1.976 kcal/dia. Ressaltamos, entretanto, que as necessidades de cada indivíduo podem variar de acordo com as especificidades das fases da vida.

Tabela 2.1 – Distribuição dos grupos alimentares para uma dieta vegetariana estrita

Grupo alimentar	Quantidade de porções
Cereais Integrais	6
Feijões	2
Frutas	7
Legumes e verduras	6
Leites vegetais fortificados	2
Carnes e ovos	0
Sementes oleaginosas	2
Açúcares e doces	0

Fonte: Slywitch, 2012, p. 46.

Outra maneira de visualizar as proporções dos grupos alimentares por refeição é a ilustração do prato saudável, reproduzida pela Figura 2.1. Por ser de fácil aplicação, o modelo de prato saudável é amplamente utilizado em ações de educação nutricional tanto para onívoros como para vegetarianos. Por meio desta imagem, é possível observar que metade do prato deve ser composta por hortaliças cruas e/ou cozidas e a metade restante deve ser dividida em duas partes: a primeira deve ser preenchida por cereais, preferencialmente, as opções integrais, e vegetais amiláceos,

---

[1] A Dietary Reference Intakes, *referência de consumo diário* em português, é um conjunto de recomendações nutricionais propostas pelo Institute of Medicine dos Estados Unidos em parceria com a agência Health Canada, desde o final dos anos 1990.

enquanto a segunda deverá receber leguminosas. Por fim, uma porção de frutas também pode ser adicionada ao modelo do prato saudável.

Figura 2.1 – Modelo de prato saudável

Fonte: Slywitch, 2022, p. 92.

De acordo com as conclusões do Parecer Técnico n. 9, de 30 de setembro de 2022, do Conselho Federal de Nutricionistas (CFN), "é possível atingir o equilíbrio e as necessidades nutricionais individuais com uma alimentação ovolactovegetariana, lactovegetariana, ovovegetariana e vegetariana estrita em todos os ciclos da vida e em praticantes de atividade física e atletas, desde que seja planejada de forma adequada" (CFN, 2022, p. 6).

As necessidades nutricionais de cada indivíduo são satisfeitas por meio da ingestão dos nutrientes, obtidos por meio da alimentação, pelo processo de digestão e absorção das moléculas. Essas substâncias são fundamentais para nosso organismo funcionar de forma equilibrada e saudável e dividem-se em dois grandes grupos: macronutrientes e micronutrientes.

Considerando que a preocupação com a composição das refeições é frequente no público vegetariano, o conhecimento dos principais alimentos fontes desses compostos permite ao profissional de gastronomia a elaboração de refeições ricas em sabor e nutricionalmente completas.

2.2 Macronutrientes

Os macronutrientes podem ser compreendidos como macromoléculas essenciais para a manutenção das funções do organismo. Eles compõem a estrutura corporal e participam, diretamente, das reações metabólicas de produção de energia. Em outras palavras, eles são responsáveis pelo fornecimento de energia e, portanto, nosso organismo precisa deles em maior quantidade.

Os macronutrientes podem ser encontrados em fontes alimentares de origem animal e vegetal. Gorduras, proteínas, carboidratos e água são considerados macronutrientes. No caso da alimentação vegetariana, serão obtidos, basicamente, por meio das fontes vegetais, salvo nos casos dos modelos alimentares que aceitam o consumo de derivados animais.

Considerando que cada macronutriente exerce uma função específica no organismo, as proporções de ingestão devem ser respeitadas para garantir o bom funcionamento corporal. Na Tabela 2.2, indicamos as proporções de ingestão para cada macronutriente. Com base nessa informação, o profissional de gastronomia pode planejar a composição das refeições, de modo a inserir representantes de todos os grupos de macronutrientes.

Tabela 2.2 – Recomendação de ingestão de macronutrientes pela Dietary Reference Intakes (DRI)

Macronutriente	Porcentagem de ingestão diária recomendada
Carboidrato	45 a 65%
Gordura	25 a 35%
Proteína	10 a 35%

Fonte: Slywitch, 2022, p. 97.

Ressaltamos que os percentuais podem variar de acordo com a necessidade de cada indivíduo, por exemplo, nível de atividade física, faixa etária, patologias, entre outros.

2.2.1 Carboidratos

Entre os macronutrientes, o maior percentual de ingestão recomendada é o de carboidrato, responsável por 45 a 65% do valor energético total; portanto, sua presença na composição das refeições deve ser maior em razão de sua importância: os carboidratos desempenham papel essencial no metabolismo energético, sendo a principal fonte de energia para alguns tecidos corporais, como o cérebro, por exemplo.

Os carboidratos estão amplamente distribuídos na natureza, encontrados, basicamente, em produtos de origem vegetal. Como principais fontes de carboidratos, podemos citar os cereais, como arroz, trigo, milho, aveia, cevada, centeio, e seus derivados, como pães, biscoitos, massas e bolos. Os tubérculos, como batata, batata-doce, batata-salsa, aipim, inhame, também constituem excelentes fontes de carboidratos. As frutas e alguns vegetais também podem conter importantes teores desse macronutriente. Os carboidratos também estão presentes nas leguminosas, como feijões, grão-de-bico, lentilha e ervilha.

Na Figura 2.2, vemos os principais alimentos que são fontes de carboidratos.

Figura 2.2 Principais fontes alimentares de carboidratos

Os alimentos fontes de carboidratos oferecem ampla versatilidade culinária, sendo ingredientes-base para preparações doces e salgadas. Além disso, têm uma boa relação custo-benefício, visto que o amido tende a reter líquido durante o processo de cocção, o que resulta em maior rendimento para a receita.

De modo geral, fontes alimentares de carboidratos, sobretudo carboidratos refinados, são amplamente consumidas pela população. A Pesquisa de Orçamentos Familiares (POF), feita entre os anos de 2017-2018 pelo Instituto Brasileiro de Geografia e Estatística (IBGE), relaciona os principais alimentos que compõem a cesta básica com a proporção do investimento monetário para a aquisição dos gêneros (IBGE, 2019). A pesquisa observou que o arroz aparece como o segundo alimento mais adquirido pelos entrevistados: 76,1% das pessoas. Entre os mais citados estão ainda o feijão e o pão de sal, perdendo apenas para o café, que aparece no relato de 78% dos indivíduos (IBGE, 2019).

Tendo em vista o amplo consumo de alimentos ricos em carboidratos e a variedade de preparações culinárias para esse grupo alimentar, indivíduos que decidem excluir a carne e os seus derivados da alimentação devem prestar atenção nas substituições, evitando incluir mais fontes desse nutriente como alternativa à carne.

Como é cada vez mais comum que eventos e restaurantes ofereçam preparações alternativas em seu cardápio, essa também deve ser uma preocupação do profissional da gastronomia.

Apesar da alta oferta, não é correto afirmar que indivíduos vegetarianos consomem carboidratos excessivamente. Embora alguns estudos associem a dieta vegetariana a um maior consumo de carboidratos quando comparado aos onívoros, os percentuais de ingestão desse nutriente permanecem dentro do estabelecido. Dessa forma, dietas planejadas podem apresentar proporções adequadas de todos os macronutrientes, de acordo com a necessidade de cada indivíduo. Sendo assim, é importante que o profissional de gastronomia conheça as principais fontes de carboidratos para explorar suas possibilidades de sabores e texturas.

Fibras alimentares

As fibras alimentares são componentes vegetais que pertencem ao grupo dos carboidratos, porém, ao passar pelo trato gastrointestinal, suas moléculas não sofrem ação da digestão, não fornecendo, portanto, calorias ao organismo. As fibras alimentares podem ser classificadas em *solúveis* e *insolúveis*, de acordo com a sua estrutura química.

O consumo adequado de fibras está associado à redução do esvaziamento gástrico, aumentando assim a saciedade, diminuindo o índice glicêmico das refeições e reduzindo a absorção das gorduras alimentares, principalmente, o colesterol. A ingestão de fibras alimentares também está associada ao aumento do bolo fecal, o que resulta em fezes mais volumosas e de fácil eliminação.

Alimentos integrais, frutas e vegetais são as principais fontes alimentares de fibras. As recomendações de ingestão de fibras são de 25 g a 30 g/dia, que podem ser alcançadas por meio de cinco porções de frutas e vegetais sem amido. Dietas baseadas em alimentos de origem vegetal tendem a atingir a ingestão diária recomendada.

Na Figura 2.3, observamos que os alimentos integrais têm coloração e textura próprias, relacionadas ao processo de refinamento a qual foram submetidos.

Figura 2.3 – Alimentos ricos em fibras alimentares

Axente Vlad/Shutterstock

A adição de ingredientes ricos em fibras às preparações pode afetar a textura original do alimento. Pela sua característica de reter água, proporções erradas de ingredientes integrais podem interferir no crescimento de pães e bolos, tornando a receita mais "pesada".

A adição de fibras em saladas e preparações cruas pode tornar a receita mais crocante, como é o caso da granola salgada, uma receita composta por aveia, sementes (linhaça, girassol, abóbora) e castanhas, adicionada de temperos naturais e ervas aromáticas, que pode ser utilizada para dar textura e sabor às preparações.

Apesar das especificidades das fibras, seu uso enriquece nutricionalmente as preparações e, por esse motivo, têm sido cada vez mais utilizadas.

2.2.2 Proteínas

Com diversas formas estruturais e funções específicas no organismo, as proteínas regulam praticamente todos os processos que ocorrem nas células. As proteínas são compostas por aminoácidos em ligações peptídicas, ou seja, os aminoácidos correspondem à unidade estrutural das proteínas. Independentemente de sua localização e/ou função, a estrutura molecular das proteínas é formada por diferentes combinações entre os 20 aminoácidos conhecidos. Uma proteína tem, aproximadamente, entre 50 e 2.000 aminoácidos.

Os aminoácidos são classificados, de acordo com a necessidade de ingestão, em aminoácidos essenciais, não essenciais e condicionalmente essenciais.

- **Aminoácidos essenciais:** Devem ser obtidos por meio da alimentação porque não são sintetizados pelo organismo, ou seja, o organismo não os produz. Em alguns casos, sua ingestão deve ser por meio de suplementos alimentares.
- **Aminoácidos não essenciais:** Apesar de também exercerem funções importantes no organismo, essa classe de aminoácidos pode ser sintetizada pelo corpo.
- **Aminoácidos condicionalmente essenciais:** Situações específicas de saúde, como queimaduras, sepse e cirurgias, podem demandar maior aporte desses aminoácidos, logo, durante esses períodos, esses aminoácidos também devem ser obtidos por meio de fontes exógenas.

No Quadro 2.1, listamos os 20 aminoácidos conhecidos, conforme sua classificação.

Quadro 2.1 – Classificação dos aminoácidos

Essenciais	Não essenciais	Condicionalmente essenciais
Histidina	Alanina	Arginina
Isoleucina	Ácido aspártico	Cisteína
Leucina	Asparagina	Glutamina
Lisina	Ácido glutâmico	Glicina
Metionina	Serina	Prolina
Fenilalanina		Tirosina
Treonina		
Triptofano		
Valina		

Fonte: Slywitch, 2022, p. 136.

Ao falarmos sobre o consumo de aminoácidos essenciais, é interessante salientar que eles estão presentes em diferentes proporções, nos diferentes grupos alimentares. Dessa forma, a combinação dos grupos alimentares fornece um aporte proteico melhor.

De modo geral, podemos citar as leguminosas como as principais fontes de aminoácidos essenciais em variedade e quantidade, porém, apesar de os cereais não conterem uma grande quantidade de proteína em sua composição, a combinação entre cereais e leguminosas proporciona um ótimo resultado. Como exemplo, podemos citar a combinação entre arroz e feijão: o arroz é rico em metionina e pobre em lisina, enquanto o feijão contém bons níveis de lisina, mas não contém metionina; logo, a combinação desses dois alimentos fornece um ótimo aporte desses dois aminoácidos essenciais.

Quando pensamos em um modelo alimentar que exclui o consumo de produtos de origem animal, principalmente a carne, uma das dúvidas mais frequentes diz respeito à obtenção do aporte proteico adequado. Culturalmente, é comum associarmos o "prato principal" das refeições à preparação composta pelas carnes, o que pode reforçar essa prerrogativa.

> **Preste atenção!**
> Existe uma infinidade de possibilidades para as preparações vegetarianas. Seguindo a mesma linha de raciocínio, o prato principal vegetariano também pode ser composto por preparações com um maior aporte proteico. Para isso, podemos pensar em preparações à base de leguminosas, seus derivados, como o tofu, ou, conforme vimos anteriormente, podemos investir na combinação de uma leguminosa e um cereal. Para fugir do arroz com feijão, podemos pensar em aveia e grão-de-bico, soja e arroz vermelho e assim por diante.

Nutricionalmente, os produtos de origem animal e seus derivados são caracterizados por apresentarem proteínas de alto valor biológico, o que, na prática, significa que é possível encontrar proporções de todos os aminoácidos essenciais nesses alimentos. Em contrapartida, as proteínas de origem vegetal recebem a indicação de baixo valor biológico, indicando que, em um único alimento, não é possível encontrar todos os aminoácidos essenciais.

Infelizmente, os conceitos utilizados para descrever a disponibilidade dos aminoácidos podem induzir ao erro em relação à qualidade das proteínas encontradas em fontes animais e em fontes vegetais. Apesar de os produtos de origem animal apresentarem todos os aminoácidos essenciais, é preciso observar em quais proporções eles são encontrados em cada alimento. Já em relação às proteínas vegetais, é preciso observar que o indivíduo que optar por um modelo alimentar baseado em plantas precisará de uma alimentação com maior variedade de fontes proteicas. Cabe ressaltar, no entanto, que todos os aminoácidos essenciais podem ser encontrados em fontes vegetais.

As principais fontes de proteínas para a dieta vegetariana são as leguminosas, como feijões, soja, lentilha, grão-de-bico, ervilha, fava, e seus derivados, como tofu, bebidas vegetais, entre outros. Graças ao sabor e à textura suaves, as leguminosas possibilitam grande versatilidade culinária, sendo utilizadas na preparação de tortas, bolinhos, refogados, ensopados, caldos e sopas.

Na Figura 2.4, vemos exemplos das principais leguminosas, como os feijões, ervilha e grão-de-bico.

Figura 2.4 – Leguminosas

NIKCOA/Shutterstock

Apesar de parecerem uma novidade, muitas preparações vegetarianas já fazem parte do consumo habitual da população e são ótimas opções para eventos que atendem indivíduos vegetarianos ou não vegetarianos. Um exemplo são as preparações à base de tofu. Muito utilizado na culinária oriental, o tofu pode ser oferecido *in natura*, como acompanhamento para saladas, como patê ou, até mesmo, como base para tortas e sobremesas.

Considerando eventos que ofereçam *finger food*, os bolinhos são ótimas opções, como exemplo podemos citar mini-hambúrguer de feijões ou grão-de-bico e o já conhecido falafel.

Para a obtenção de todos os aminoácidos essenciais, a recomendação é de, ao menos, duas fontes proteicas distintas ao dia em porções adequadas.

Embora a adequação do consumo de proteínas seja um assunto amplamente discutido, até o momento não existem evidências científicas que associam o vegetarianismo a dietas deficientes nesse macronutriente. Estudos demonstram que, mesmo em dietas veganas, que também excluem o consumo de ovos e leite, é possível obter todos os aminoácidos essenciais em quantidades suficientes.

2.2.3 Lipídios

Apesar de serem temidos por muitos, os compostos lipídicos são essenciais ao organismo humano. Popularmente conhecidos como *óleos* e *gorduras*, têm má fama por conterem uma elevada densidade calórica, além de, frequentemente, serem associados a doenças do sistema cardiovascular. Os lipídios representam macronutrientes que fornecem a maior densidade energética: nove calorias por grama.

No organismo humano, eles desempenham diversas funções, de acordo com a sua estrutura molecular, presentes desde a estrutura da membrana celular até a reserva de energia nos adipócitos, células que armazenam gordura. Nos alimentos, os lipídios conferem textura e maior palatabilidade, tornando o alimento mais atrativo e, por vezes, mais saboroso.

Quando pensamos em uma dieta que exclui o consumo de produtos de origem animal, devemos compreender que a composição de lipídios será diferente. Os produtos de origem animal são ricos em gorduras saturadas e colesterol, já os produtos de origem vegetal oferecem poucas fontes de gorduras saturadas e não contêm colesterol.

Os óleos vegetais – soja, milho, linhaça, canola, girassol, amendoim, azeite de oliva, entre outros – são as principais fontes de lipídios, seguidos pelas sementes e oleaginosas, como linhaça, girassol, castanhas, amêndoas, nozes, amendoim.

Entre as frutas, o abacate é um bom exemplo por apresentar alto teor de gorduras em sua composição. Usando o abacate como base, é possível pensar em preparações doces, como é creme de abacate, *mousse* de abacate, vitamina de abacate e até mesmo pratos salgados, como a guacamole, ilustrada na Figura 2.5, bem como sua adição em saladas e torradas.

Figura 2.5 – Guacamole

Considerando que o consumo de gorduras saturadas está relacionado à prevalência de doenças crônicas não transmissíveis, como obesidade, hipertensão, dislipidemias e doenças cardiovasculares, a dieta vegetariana poderia agir como um fator de proteção contra essas doenças, uma vez que fornece menores teores desses compostos.

Outro aspecto a ser considerado é a presença de compostos fitoquímicos, naturalmente presentes nos vegetais e amplamente relacionados à proteção da saúde.

Ressaltamos, entretanto, que a quantidade e a qualidade dos lipídios obtidos por meio das fontes vegetais podem variar de acordo com a escolha dos alimentos ingeridos. Sendo assim, dietas vegetarianas também devem ser compostas por diferentes fontes de lipídios para garantir fontes de gorduras saturadas, mono e poli-insaturadas.

Considerando a prática do profissional de gastronomia, podemos pensar em preparações que utilizem o óleo de coco como um preparado semelhante à manteiga, uma vez que, devido ao seu teor de gorduras saturadas, esse óleo pode apresentar consistência sólida. Os azeites de oliva e de dendê são opções ricas em compostos antioxidantes que trazem sabor e aroma próprios para as preparações.

Ressaltamos que, por um lado, como resposta ao aumento de adeptos das dietas que excluem o consumo de carne e derivados, as indústrias têm apostado nesse novo nicho de mercado e ofertado alimentos ultraprocessados destinados ao público vegetariano, principalmente alimentos que imitam a textura e/ou o sabor da carne, de condimentos e de refeições semiprontas. Além de ser uma opção ao consumo, muitos desses novos produtos ativam memórias afetivas dos indivíduos que fizeram a transição da dieta onívora para a dieta vegetariana, pois lembram preparações baseadas em produtos de origem animal, como salsichas, hambúrgueres, coxinha, quibe, linguiça, entre tantos outros.

Na Figura 2.6, observamos alguns exemplos de alimentos industrializados que apresentam altos teores de sódio e gorduras.

Figura 2.6 – Alimentos ultraprocessados

Por outro lado, com o acesso às informações nutricionais dos produtos, tem crescido também o movimento contrário: de pessoas que buscam preparações com menor teor de processamento, compostas por ingredientes naturais, com menores teores de gordura, sódio, açúcar e corantes.

O profissional de gastronomia deve, portanto, ser capaz de fazer releituras vegetarianas e saudáveis para versões de pratos tradicionais, como feijoada vegetariana, brigadeiro sem leite, entre outros. Nesse sentido, a gastronomia é capaz de valorizar a memória afetiva contida nas preparações, trazendo o diferencial da prática vegetariana.

Independentemente do tipo de dieta adotada, os alimentos ultraprocessados não devem ser a base da alimentação. Os lipídios devem ser obtidos, preferencialmente, de fontes *in natura* ou minimamente processadas, no caso de sementes e oleaginosas, ou processadas para os óleos vegetais.

2.3 Micronutrientes

Quimicamente distintos dos macronutrientes, os micronutrientes são compostos que devem ser obtidos por meio de fontes exógenas, como a alimentação, ou, em alguns casos, por meio de suplementos específicos. O organismo humano demanda menores quantidades desses compostos, entretanto, sua presença garante o correto funcionamento de todo o corpo. Os micronutrientes são divididos em dois grandes grupos: as vitaminas e os minerais.

A Figura 2.7 mostra uma variedade de frutas, hortaliças e grãos, ilustrando as mais diversas fontes alimentares de micronutrientes.

Figura 2.7 – Fontes vegetais ricas em vitaminas

Natalia Lisovskaya/Shutterstock

O conhecimento sobre os micronutrientes relevantes na prática do vegetarianismo permite que as preparações sejam pensadas também de acordo com essas características. Apesar de o valor nutricional das refeições ser, por vezes, associado à ciência da nutrição, o campo da gastronomia detém a capacidade de valorizar os nutrientes presentes em cada ingrediente, seja na técnica de preparo do alimento, seja na combinação dos ingredientes, estimulando sua biodisponibilidade.

Como exemplo, lembramos que o ferro presente nos alimentos é melhor absorvido quando na presença de vitamina C; logo, a ingestão concomitante de alimentos fontes desses nutrientes potencializa a sua absorção pelo organismo, como é o caso do feijão, que contém ferro, e sumo de limão, rico em vitamina C. Dessa forma, mais uma vez, é possível pensar em combinações que vão além dos sabores, aliando saúde ao prazer de comer bem.

2.3.1 Vitaminas

As vitaminas são fundamentais para uma dieta saudável. Elas são moléculas orgânicas que variam amplamente em relação às suas funções e estrutura química. Podem desempenhar ação antioxidante, agir como cofatores de reações enzimáticas, estabilizantes de membrana e como hormônios, regulando a expressão gênica.

Nutricionalmente, as vitaminas são fundamentais para a manutenção da saúde porque auxiliam na prevenção de doenças crônicas, como as doenças cardiovasculares e até mesmo o câncer. As vitaminas podem ser classificadas em *lipossolúveis* e *hidrossolúveis*:

- **Lipossolúveis:** Vitaminas solúveis em óleos e gorduras, como as vitaminas A, D, E e K.
- **Hidrossolúveis:** Solúveis em água, são compostas pelas vitaminas do complexo B – tiamina (B1), riboflavina (B2), niacina (B3), ácido pantotênico (B5), piridoxina (B6), cobalamina (B12), biotina (B7), ácido fólico (B9) – e pela vitamina C.

Encontramos as vitaminas naturalmente em fontes alimentares *in natura* ou minimamente processadas, como em frutas, vegetais, sementes, cereais integrais, carnes, ovos, leite e derivados. Para cada composto apresentado, podemos citar fontes alimentares específicas, o que mais uma vez reforça a necessidade de uma dieta saudável e variada. Cabe salientar que, além de uma dieta variada, é preciso que a alimentação contenha quantidades suficientes de macro e micronutrientes para cada fase da vida.

Conforme vimos, algumas vitaminas estão presentes em fontes alimentares de origem animal e, diante da essencialidade de cada composto, precisamos ter em mente qual será a forma de obtenção dessas moléculas.

Mesmo em uma dieta vegetariana saudável, baseada em alimentos *in natura* e minimamente processados, e com consumo reduzido de alimentos ultraprocessados, precisaremos dar atenção à ingestão de algumas vitaminas. Com base nesse conhecimento, o profissional de gastronomia poderá pensar suas preparações com um diferencial, enriquecendo seu cardápio de forma a atender às demandas do público vegetariano.

A seguir, apresentaremos as principais funções das vitaminas, suas fontes alimentares e as alternativas para obtenção de aporte adequado.

Vitamina B12

A **vitamina B12**, também conhecida como *cobalamina*, desempenha funções relacionadas ao sistema nervoso, à medula óssea e ao sistema gastrointestinal. O acompanhamento dos níveis séricos de B12 é essencial na dieta vegetariana, pois os alimentos de origem vegetal não apresentam fontes seguras dessa vitamina. Mesmo as algas marinhas com teores de B12 em sua composição não contêm a forma ativa dessa vitamina, logo, no organismo humano, não há desempenho de função.

Indivíduos ovolactovegetarianos e lactovegetarianos podem obter vitamina B12 por meio de ovos, leite e seus derivados, porém é necessário observar a quantidade e a frequência desse consumo. Independentemente do modelo de vegetarianismo, é fundamental que os níveis de vitamina B12 sejam monitorados.

> **Importante!**
> Ressaltamos que, além da ingestão alimentar de níveis seguros de vitamina B12, sua absorção depende da produção do fator intrínseco no sistema digestivo. O fator intrínseco é uma molécula responsável pela proteção da vitamina B12, para que ela não seja degradada pelas bactérias intestinais. Dessa forma, mesmo indivíduos que consomem produtos de origem animal podem apresentar deficiência dessa vitamina.

Com a falta de fontes alimentares de vitamina B12 nas dietas vegetarianas, a deficiência vitamínica deve ser prevenida por meio da suplementação. Contudo, apesar dos suplementos vitamínicos estarem disponíveis em diversos estabelecimentos, é aconselhável buscar um profissional de saúde (médico ou nutricionista) capacitado para fazer as orientações quanto ao melhor tipo de suplementação. Para que a suplementação seja eficiente, é preciso definir a posologia, a via de administração e a forma molecular da vitamina.

Vitamina D

Outra vitamina que merece atenção é a **vitamina D**. Sua nomenclatura pode variar de acordo com a estrutura química, porém as principais formas encontradas na natureza são a D2 e D3. A vitamina D pode ser classificada como um hormônio esteroide que tem ação na manutenção das concentrações séricas de cálcio e de fósforo. Como fontes alimentares, podemos citar leite, gema de ovo, óleo de fígado de peixe e peixes como atum e salmão.

Embora os alimentos de origem animal sejam fontes dessa vitamina, a deficiência de vitamina D é tida como um problema de saúde pública em muitos países, inclusive no Brasil. Os maiores índices de prevalência ocorrem em áreas geográficas com menor incidência de luz solar, uma vez que a exposição ao sol está relacionada à ativação dessa vitamina.

Uma estratégia adotada por alguns países é a oferta de alimentos enriquecidos com vitamina D, como leite, margarina, queijos, iogurte e pães. Como alternativa aos alimentos de origem animal, naturalmente fontes da vitamina, a sugestão é a ingestão de alimentos enriquecidos e/ou a suplementação da vitamina por via oral. Nesse contexto, o acompanhamento por um profissional de saúde será fundamental para a definição da posologia e da forma molecular da vitamina.

2.3.2 Minerais

Os minerais são compostos inorgânicos essenciais para o desempenho das funções metabólicas. Por não serem sintetizados no organismo, é necessário que o aporte de minerais seja fornecido pela dieta ou, em alguns casos, por meio de suplementos alimentares. Indivíduos que não consigam ingerir os níveis adequados de minerais estão sujeitos a doenças carenciais.

Considerando as diferentes funções exercidas, as necessidades requeridas podem variar de acordo com o mineral e com as especificidades de cada indivíduo. Tendo em vista a quantidade, os minerais podem ser classificados em *macrominerais* e *microminerais*.

- **Macrominerais**: Cálcio, magnésio, sódio, potássio, cloreto e fósforo. Como estão diretamente envolvidos na formação e na estrutura dos ossos, na regulação dos fluídos corporais e secreções digestivas, esses minerais são exigidos em maior quantidade pelo organismo.
- **Microminerais ou elementos-traço**[2]: Boro, cromo, cobre, germânio, iodo, ferro, manganês, fosfomolibdênio, selênio, enxofre e zinco são exemplos desses minerais. Exigidos em menor quantidade pelo organismo, eles estão envolvidos nas reações bioquímicas, desempenham atividades relacionadas ao sistema imunológico e têm ação antioxidante.

Assim como no caso das vitaminas, uma dieta vegetariana planejada poderá também ofertar os níveis adequados de minerais. Os minerais que apresentam melhor biodisponibilidade em produtos de origem animal merecem maior atenção.

---

2 "Elementos-traço são aqueles que se encontram em uma concentração menor que 100 $\mu g \cdot g^{-1}$ no ambiente. A preocupação com os elementos-traço é justificada pela importância desses do ponto de vista ambiental ou de saúde pública" (Marchi et al., 2009, p. 6).

Ferro

Quando pensamos em alimentação vegetariana, uma das principais dúvidas está relacionada aos teores de ingestão de ferro e, consequentemente, a ocorrência de anemia ferropriva nesse público. Para tanto, é necessário desmistificar algumas crenças.

De modo geral, a prevalência de anemia ferropriva entre onívoros e vegetarianos é muito similar, porque mesmo as fontes de origem animal podem não suprir as necessidades do indivíduo.

Também é importante salientar que a forma molecular do ferro pode variar de acordo com a fonte alimentar. Basicamente, produtos de origem animal contêm em sua composição o ferro heme. Por muito tempo, o ferro heme foi entendido como a melhor forma de consumo de ferro, uma vez que a sua absorção é superior ao ferro não heme, encontrado em alimentos de origem vegetal. Entretanto, alguns estudos têm apontado a presença do ferro heme como um fator nocivo ao organismo, relacionando sua presença com a ocorrência de doenças cardiovasculares e de câncer.

Outro ponto importante é a utilização de estratégias que otimizem a absorção do ferro não heme, como é o caso da vitamina C e de ácidos orgânicos. Dessa forma, associar, em uma mesma refeição, alimentos fontes de ferro e de vitamina C garantem o melhor aproveitamento do mineral. Em contrapartida, a absorção do ferro heme parece não ser influenciada pela presença de vitamina C.

Como fatores que inibem a absorção do ferro não heme, podemos citar a presença do cálcio, de polifenóis (presentes em café, chás e vinhos) e do ácido fítico (encontrado em alguns cereais), bem como a menor acidez gástrica.

Indivíduos (vegetarianos ou não) que apresentam sinais e sintomas da deficiência de ferro (fadiga e letargia, redução da concentração, palidez e tontura) devem buscar um profissional de saúde capacitado para avaliar corretamente a ingestão alimentar, os parâmetros bioquímicos e as alternativas para suplementação.

2.4 Vegetarianismo nos diferentes ciclos da vida

Como temos evidenciado até aqui, uma alimentação saudável e diversificada é fundamental para a manutenção da saúde de todos os indivíduos. Isso ocorre porque é por meio dos alimentos que obtemos macro e micronutrientes necessários para a formação da estrutura corporal e a manutenção das funções metabólicas.

É preciso lembrar, entretanto, que o organismo humano está em constante transformações biológica, social e intelectual, denominadas *fases da vida*.

Do ponto de vista nutricional, em cada fase da vida, o corpo humano passa por modificações específicas e, consequentemente, o aporte de nutrientes requerido é proporcional a essas mudanças. Em linhas gerais, o conceito de alimentação saudável permanece o mesmo, mas as quantidades de nutrientes variam de acordo com a fase de desenvolvimento.

Além das orientações estabelecidas para a população em geral, existem orientações adicionais para os indivíduos que adotam a dieta vegetariana. Considerando que as principais fontes de alguns nutrientes são os alimentos de origem animal, as orientações buscam ofertar o aporte nutricional adequado e minimizar as carências nutricionais.

Como já afirmamos, uma dieta vegetariana saudável e planejada é capaz de fornecer todos os nutrientes necessários e, portanto, é segura para todas as fases da vida. Ao pensarmos no planejamento de cardápio para uma refeição, um evento ou o menu de um restaurante, o profissional de gastronomia poderá trazer uma abordagem completa ao se dedicar sobre as especificidades das fases da vida.

- **Infância:** Durante a fase inicial de desenvolvimento, é fundamental que os bebês recebam aleitamento materno exclusivo até os 6 meses de vida. A oferta de leite materno não deve ser substituída por outro alimento, a não ser que exista a orientação de um médico ou nutricionista. A partir dos 6 meses de idade, é importante que ocorra a suplementação de ferro e de vitamina B12.

- **Gestantes e lactentes:** Para as mulheres que desejam engravidar, é importante iniciar a suplementação de ácido fólico antes mesmo da concepção. Durante a gestação, a vitamina B12 também deve ser suplementada. É importante o monitoramento dos níveis de ferro e, caso necessário, proceder sua suplementação. Já durante a lactação, o cálcio e a vitamina B12 demandam atenção especial
- **Idosos:** Indivíduos idosos apresentam maior probabilidade de desenvolver deficiência de vitamina B12 em razão de um declínio na secreção ácida estomacal. Outro ponto importante é a saúde óssea, pelas deficiências de cálcio e de vitamina D. Dessa forma, a suplementação desses nutrientes deve ser avaliada.
- **Atletas e praticantes de atividades físicas:** Para os indivíduos que buscam a hipertrofia muscular, as proteínas de origem vegetal são capazes de oferecer todos os aminoácidos essenciais. Não existem evidências que associam a dieta vegetariana a prejuízos para o atleta. Possíveis carências nutricionais devem ser avaliadas individualmente.

> **Para saber mais**
> Para compreender os princípios de uma alimentação saudável, sugerimos a leitura, na íntegra, do *Guia alimentar para a população brasileira,* que pode ser acessado em:
>
> BRASIL. Ministério da Saúde. Secretaria de Atenção à Saúde. Departamento de Atenção Básica. **Guia alimentar para a população brasileira.** Brasília, 2014. Disponível em: <https://www.gov.br/saude/pt-br/assuntos/saude-brasil/publicacoes-para-promocao-a-saude/guia_alimentar_populacao_brasileira_2ed.pdf>. Acesso em: 11 abr. 2024.

2.5 Receitas para as diferentes fases da vida

Quando afirmamos que uma dieta vegetariana bem planejada é adequada para todas as fases da vida, devemos nos atentar às especificidades de cada momento. Por mais que os hábitos alimentares já estejam consolidados, cada faixa etária acompanha novos saberes e aprendizados.

Enquanto o bebê conhece novas texturas e sabores, o jovem precisa manter a rotina alimentar saudável diante da correria de faculdade, estágio, academia, vida social etc.

Devido a esse constante movimento, seguimos conhecendo novas preparações, formas de apresentação e moldando nosso paladar ao longo da vida. Além do paladar, as necessidades nutricionais dos indivíduos variam de acordo com o crescimento, o desenvolvimento e o envelhecimento.

O estado de saúde, a busca por ganho de peso, por emagrecimento ou ganho de massa muscular e a gestação também são situações da vida que exigem um aporte de nutrientes pensado de forma individualizada.

Ao considerarmos todas essas variações, é natural que surjam dúvidas sobre como organizar uma refeição atrativa, variada e rica em nutrientes. Por essa razão, a seguir, listamos algumas sugestões de receitas. As preparações não estão indicadas para uma faixa etária específica, pois podem ser utilizadas em mais de um momento da vida.

A primeira receita é o grãomelete, uma preparação coringa que pode ser aplicada com diversas variações, como adição de legumes, queijo vegetal e conservas como milho e palmito. O seu consumo pode ser aplicado a diversos momentos do dia, podendo ser servido desde o café da manhã, como acompanhamento para pães e torradas, até refeições principais, juntamente com arroz e feijão.

Grãomelete

Ingredientes
- 4 colheres de sopa de farinha de grão-de-bico
- 1 colher de chá de sal
- 1 colher de sopa de azeite de oliva
- 5 colheres de sopa de legumes picados (cebola, alho, espinafre, pimentão cenoura)
- Água
- Temperos a gosto (páprica, orégano, *lemon pepper*)

Modo de preparo
Refogue os legumes com azeite e reserve. Transfira para uma tigela e adicione a farinha de grão-de-bico. Acrescente água aos poucos até obter uma mistura cremosa. Misture bem todos os ingredientes. Leve à uma frigideira aquecida em fogo baixo. Doure os dois lados. Sirva.

Fonte: Mold, 2018, p. 7.

A receita de bolo no pote é superversátil e pode ser preparada para consumo próprio e até mesmo para empreender. Os recheios também podem variar de acordo com a preferência. Uma dica é utilizar frutas da estação para compor os recheios do bolo.

Bolo no pote

flanovais/Shutterstock

Ingredientes

Para a massa:
- 3 xícaras de farinha de trigo
- 2 xícaras de açúcar demerara
- ¾ de xícara de óleo
- 1 colher de chá de goma xantana
- 1 colher de chá de essência de baunilha
- 1 colher de sopa de fermento químico em pó

Para a calda:
- 200 ml de leite de coco
- ½ xícara de leite de aveia
- 3 colheres de sopa de açúcar demerara

Para o creme:
- 2 xícaras de leite de aveia
- ½ xícara de açúcar demerara
- 4 colheres de sopa de amido de milho
- Frutas vermelhas em calda para decorar

Modo de preparo

Preaqueça o forno a 180 °C. Em uma tigela, misture os ingredientes da massa pela ordem. Transfira para uma assadeira média, untada e enfarinhada. Leve ao forno por 40 minutos ou até a massa dourar. Para preparar a calda, misture o leite de coco com o leite de aveia e o açúcar. Reserve. Para preparar o creme, leve ao fogo médio o leite, o açúcar e o amido, mexendo sempre até engrossar. Reserve. Retire o bolo do forno e, com a ajuda de um garfo, faça furos em toda a superfície. Regue o bolo ainda quente com a calda reservada. Deixe esfriar. Corte o bolo de acordo com o tamanho do pote em que será montado. Monte em potes individuais alternando camadas entre creme, massa cortada, calda de frutas vermelhas e as frutas em calda. Leve à geladeira por duas horas antes de servir.

Fonte: Cardoso, 2015, p. 61.

A receita de barrinha de cereais pode ser utilizada para compor um cardápio fitness. A composição das barrinhas pode ser alterada em composições com ameixa seca, tâmaras, castanhas, linhaça, gergelim, semente de abóbora, coco seco, *nibs* de cacau. As muitas combinações podem ser exploradas de acordo com o público.

Barrinha de cereais com frutas secas

Ingredientes
- 1 xícara de ameixa preta, sem caroço, picada
- 10 damascos secos picados
- ½ xícara de melado de cana
- 1 ½ xícara de aveia em flocos finos
- 4 colheres de sopa de semente de abóbora
- 4 colheres de sopa de nozes, sem casca, picadas
- 1 xícara de uva-passa, branca ou preta, sem caroço, picadas

Modo de preparo
Preaqueça o forno a 180 °C. No processador, bata rapidamente a ameixa preta e o damasco. Transfira para uma tigela e junte os ingredientes restantes, misturando muito bem. Forre uma assadeira média, de fundo removível, com papel-manteiga. Por cima do papel, disponha os ingredientes misturados. Espalhe uniformemente por toda a forma. Leve ao forno por 10 minutos. Retire e deixe esfriar. Cubra com papel-filme e leve à geladeira por 24 horas.

Fonte: Cardoso, 2015, p. 19.

O patê de cenoura e castanha-de-caju apresenta um sabor suave, razão por que é aconselhável utilizar essa preparação para eventos ou pequenas recepções. O servimento pode ser acompanhado por torradas, biscoitos e até mesmo legumes fatiados em palitos. Se preferir, pode adicionar um toque de alho picado.

Patê de cenoura e castanha-de-caju

Ingredientes

- 1 xícara de castanha-de-caju cruas, de molho em água por, no mínimo, 1 hora
- 1 xícara de cenoura ralada
- 2 colheres de *shoyu*
- 1 colher de chá de suco de limão siciliano
- ½ colher de missô branco
- ½ colher de chá de tomilho
- ½ colher de chá de páprica
- sal e pimenta-do-reino a gosto
- Pão, pão sírio, *crackers* ou legumes para acompanhar

Modo de preparo

Em um processador de alimentos, junte as castanhas-de-caju e a cenoura e processe por um minuto. Acrescente o *shoyu*, o suco de limão, o missô, o tomilho, a páprica, o sal e a pimenta e processe até obter uma massa lisa, parando para raspar as laterais. Leve à geladeira por uma hora antes de servir. Sirva com os acompanhamentos preferidos.

Fonte Turner, 2016, p. 222.

O risoto de quinoa e alho-poró pode ser servido como acompanhamento ou prato principal de um almoço ou jantar. A receita pode ser acrescida de legumes ou cogumelos, de acordo com a preferência.

Risoto de quinoa e alho poró

Svetlana Monyakova/Shutterstock

Ingredientes
- 2 xícaras de quinoa
- 3 xícaras de água
- Sal a gosto
- 1 alho-poró
- Levedura nutricional a gosto
- 1 cebola picada
- Pimenta-do-reino a gosto
- 1 xícara de castanha-do-pará
- 1 litro de água

Modo de preparo

Deixe a quinoa e as castanhas (separadamente) de molho por oito horas. Descarte a água das castanhas e bata com 1 litro de água. Descarte a água em que a quinoa esteve de molho e, em uma panela, adicione três outras xícaras de água e a quinoa e cozinhe. Corte o alho-poró em rodelas e refogue com a cebola. Reserve. Coloque a quinoa já cozida com o refogado de alho-poró e cebola, adicione as castanhas batidas, o sal, a pimenta e a levedura nutricional. Sirva em seguida.

Fonte: Botelho, 2018, p. 21

Nesta preparação, a receita original de sagu foi adaptada, passando a incluir leite de coco e manga. A receita pode ser finalizada com coco seco cortado em fitas. Apesar de ser amplamente consumido como uma preparação fria, uma dica é servir o sagu quente nos dias frios.

Sagu de coco e compota de manga

ZahyMaulana/Shutterstock

Ingredientes

- 200 g de sagu
- 2 mangas grandes e maduras
- 3 xícaras de leite de coco
- 2 xícaras de água
- ⅔ de xícara de açúcar demerara

Modo de preparo

Em uma panela grande, ferva dois litros de água, acrescente o sagu e mexa sem parar. Escalde por três minutos. Escorra e reserve. Em uma panela, coloque o leite de coco, a água, o açúcar e o sagu escaldado. Leve ao fogo, mexendo sempre, até engrossar e o sagu ficar transparente. Reserve. Corte a manga em cubos pequenos e reserve metade da quantidade para a cobertura. Leve ao fogo a outra metade, numa frigideira, com três colheres de açúcar demerara. Deixe ferver por três minutos e retire do fogo. Monte a sobremesa em taças, ou potes individuais com tampa. Forme camadas, coloque a compota de manga, o sagu e, por fim, a manga crua em cubinhos.

Fonte: Sosnosk, 2018, p. 24.

Síntese

Neste capítulo, apresentamos as bases de uma alimentação vegetariana saudável. Explicamos que, ao retirar a carne da alimentação, são necessárias substituições corretas para garantir o aporte adequado de cada nutriente.

Vimos que, para a manutenção da vida, são necessários macronutrientes, requeridos em maior quantidade e representados por carboidratos, proteínas e lipídeos, e micronutrientes, necessários em menores quantidades e compostos pelas vitaminas e minerais.

Também explicamos que, apesar dos diferentes modelos de vegetarianismo, uma dieta que exclui a carne e seus derivados pode ser adequada para todas as fases da vida.

Questões para revisão

1. Diferencie a função de cada macronutriente e indique suas respectivas fontes alimentares.
2. Analise as afirmações a seguir sobre as funções dos micronutrientes e julgue-as verdadeiras (V) ou falsas (F).
   ( ) A vitamina D não tem associação com a saúde óssea.
   ( ) A vitamina D está relacionada à manutenção das concentrações séricas de cálcio.
   ( ) Para que o ferro seja absorvido, é necessária a presença do fator intrínseco.
   ( ) A vitamina B12 é mais bem absorvida na presença de vitamina C.

   Agora, assinale a sequência correta:
   a) V, V, F, F.
   b) F, V, F, F.
   c) V, V, V, V.
   d) F, F, F, F.
   e) F, V, F, V.

3. Analise as afirmações a seguir sobre uma alimentação vegetariana saudável e julgue-as verdadeiras (V) ou falsas (F).
   ( ) A distribuição dos grupos alimentares é a mesma quando comparada a dietas onívoras.
   ( ) O Conselho Federal de Nutricionista afirma que é possível uma alimentação vegana oferecer todos os nutrientes necessários para a manutenção da saúde.
   ( ) A ingestão de carboidratos deve ser reduzida.
   ( ) Leguminosas contêm, exclusivamente, proteínas em sua composição.

( ) Uma dieta baseada em vegetais integrais pode, facilmente, fornecer o aporte de fibras.

Agora, assinale a alternativa que apresenta a sequência correta:
a) F, V, V, F, F.
b) V, V, F, V, F.
c) F, V, F, F, V.
d) F, V, F, V, V.
e) F, F, V, V, F.

4. Assinale a alternativa correta sobre os aminoácidos:
a) Os aminoácidos essenciais são sintetizados pelo organismo.
b) Lisina é um aminoácido não essencial.
c) Aminoácidos condicionalmente essenciais podem ser produzidos pelo corpo.
d) A glutamina é um exemplo de aminoácido essencial.
e) Valina é um aminoácido essencial e deve ser consumido pela alimentação.

5. Tendo em vista a importância dos minerais para a manutenção da saúde, diferencie macrominerais de elementos traço.

Questão para reflexão

1. Neste capítulo, vimos um pouco mais sobre os nutrientes necessários para uma alimentação saudável e equilibrada. Pensando em todos os nutrientes e suas respectivas fontes alimentares, qual pode ser a principal dificuldade nutricional para um vegetariano? Qual nutriente pode ser consumido em excesso?

Capítulo 3

Principais ingredientes da culinária vegetariana

Natália Ferreira de Paula

Conteúdos do capítulo
- Ingredientes para preparações vegetarianas
- Substituições e adequações de ingredientes.
- Processos de preparo.

Após o estudo deste capítulo, você será capaz de:
1. selecionar alimentos e matérias-primas para preparações vegetarianas;
2. entender as modificações desses alimentos durante o processamento;
3. adaptar receitas convencionais para dietas vegetarianas.

3.1 Matérias-primas para preparações vegetarianas

Como sabemos, a alimentação vegetariana é baseada, sobretudo, em alimentos de origem vegetal; logo, frutas e hortaliças são muito utilizadas para produção de preparações. Associados a elas, leguminosas (feijão, lentilha, ervilha, grão-de-bico, tremoço, alfarroba, amendoim, fava e soja), cereais (arroz, trigo, milho, centeio, cevada, aveia, entre outros) e pseudocereais[1] (quinoa e amaranto) são essenciais para atingirmos a composição de proteínas adequadas para suprir as necessidades nutricionais dessa população.

Já os alimentos de origem animal vão depender do tipo de vegetarianismo adotado. De forma geral, para ovolactovegetarianos, ainda é possível utilizar ovos, leite e derivados. Nesse sentido, pensando em atender a todo o público vegetariano e vegano, é importante sempre disponibilizar nos cardápios opções com o mínimo de itens de origem animal possível.

Essa reflexão deve ser feita a todo tempo, porque o que parece simples em preparações comuns – adicionar *bacon* a uma salada de escarola, queijo nos legumes assados, calabresa na farofa – impede o consumo dessas preparações por pessoas que restringem esses alimentos.

Vamos conhecer melhor os ingredientes comumente utilizados para essas preparações?

---

1   Embora os pseudocereais sejam produzidos em grãos, não são da mesma família botânica que os cereais e sua qualidade nutricional é diferente destes. Apesar de serem classificados como *pseudocereais*, podem variar entre si, ocorrendo em diversas famílias de eudicotiledôneas e monocotiledôneas (Fletcher, 2016; Martínez-Villaluenga; Peñas; Hernández-Ledesma, 2020).

3.1.1 Frutas

A palavra *fruta* origina-se do latim *fructus*, que significa "fruição", o mesmo sentido de satisfação, prazer, que, possivelmente, refere-se à sensação de se consumir uma fruta madura (Araújo et al., 2017b).

Philippi (2019, p. 109) conceitua que fruta é "a parte polposa que envolve a semente de plantas". As frutas têm sabor doce e podem, na maioria das vezes, ser consumidas *in natura*.

Assim como os vegetais, as frutas são consideradas alimentos reguladores, ricos em micronutrientes, como vitaminas, minerais e fibras. Também contêm compostos bioativos, potentes antioxidantes e pigmentos naturais. As enzimas proteolíticas, presentes, sobretudo, no abacaxi (bromelina), no mamão (papaína) e no figo (ficina), hidrolisam as proteínas (rompem as ligações entre os aminoácidos) e, por isso, são usadas na culinária como amaciantes (Lajolo; Mercadante, 2017).

As frutas podem ser classificadas de acordo com seu percentual de glicídios (açúcares), como descrito no Quadro 3.1.

Quadro 3.1 – Percentual de glicídios em frutas

Classificação	Percentual de glicídios	Exemplos
Frutas A	5% a 10%	abacaxi, açaí, araçá, buriti, caju, carambola, melancia, melão, pitanga, uvaia, umbu, entre outras
Frutas B	10% a 15%	abacate, ameixa, amora, cupuaçu, maçã, mamão, jamelão, pera, sapoti e outras
Frutas especiais	35%	banana, caqui, fruta-pão, marmelo, nêspera, pequi, pupunha[2] e uva

(continua)

---

2 Da palmeira da espécie *Bactris gasipaes Kunth*, é possível extrair o fruto, conhecido como *pupunha*, e o legume, conhecido como *palmito-pupunha*, cultivado no Brasil de forma sustentável. Já o palmito-juçara, mais conhecido comercialmente, é o legume de uma espécie de palmeira ameaçada de extinção em razão do extrativismo predatório.

(Quadro 3.1 - Conclusão)

Classificação	Percentual de glicídios	Exemplos
Frutas oleaginosas, uma exceção em relação às demais, contêm ácidos graxos essenciais, proteínas de alto valor biológico, selênio, cobre e magnésio	16% de glicídios 20% de proteínas 60% de lipídios	castanhas, amêndoas, avelãs e nozes

Fonte: Elaborado com base em Araújo et al., 2017c; Ornelas, 2008.

Como é possível perceber, frutas A e B são mais indicadas para pessoas que necessitam de controle de glicemia, como os diabéticos. Já as frutas oleaginosas, que contêm maior percentual de lipídios, devem ser consumidas em menor quantidade por pessoas que precisam de maior controle de calorias na dieta, visto que, embora essa gordura seja de qualidade, ainda assim é uma fonte importante de calorias.

Seu uso na gastronomia está voltado para o consumo da fruta crua, em cortes diversificados, em saladas, sobremesas, sucos, polpas congeladas, vitaminas com leite (também chamadas *suco com leite*), sorvetes, purês etc. Também são utilizadas frutas em combinações salgadas, como em molhos, bem como em compotas, assadas (banana, abacaxi, maçã, pera), recheadas (pêssego), como doce em massa (marmelada) ou geleias, cozidas, em calda, como recheio de tortas, pavês e bolos. São também utilizadas frutas secas, desidratadas, cristalizadas e glaceadas, frutas oleaginosas descascadas, torradas, açucaradas, salgadas e temperadas (Ornelas, 2008).

Na Figura 3.1, à esquerda, vemos o palmito-pupunha, extraído da palmeira *Bactris gasipaes Kunth*, mais conhecida como *pupunheira*, muito comum na Região Amazônica. À direita na imagem, vemos o fruto dessa palmeira, conhecido como *pupunha*, ou *babunha*, o qual, na alimentação regional do Norte do Brasil, é consumido cozido com água e sal ou na forma de farinha.

Figura 3.1 – Legume e fruto da pupunheira

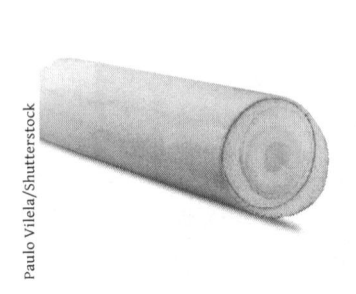

Durante o preparo das frutas, alguns nutrientes são perdidos, principalmente a vitamina C, que é muito sensível ao calor e à luz. Nesse caso, para ingerirmos a quantidade adequada dessa vitamina, é ideal consumir frutas *in natura*. No momento do processamento, devemos manter o mínimo possível em contato com a luz ou sob altas temperaturas (Ornelas, 2008).

Assim como nos vegetais, as frutas contêm enzimas responsáveis pelo escurecimento enzimático, que pode ser percebido facilmente quando cortarmos uma maçã ou uma banana e deixamos expostas ao ar. Para evitar o escurecimento, é indicado o uso de ácidos ou o branqueamento. Adicionar suco de laranja à salada de frutas, por exemplo, ou colocar limão sobre a maçã que está na cobertura de uma torta ajuda a reduzir esse escurecimento.

Outra questão importante em relação às frutas é sempre consumir e utilizar as frutas da época em preparações, porque elas têm mais qualidade, em razão da menor quantidade de agrotóxicos para sua produção, e, normalmente, têm menor custo.

Considerando as questões de armazenamento, também é possível comprar frutas desidratadas e/ou cristalizadas, cuja durabilidade é maior em comparação às frutas *in natura*.

Frutas como a maçã, a banana e a pera escurecem rápido depois de descascadas e cortadas, por isso devem ser evitadas e/ou substituídas nas preparações que necessitam de maior tempo de armazenamento antes do servimento. Caso não seja possível, uma opção é reduzir a ação enzimática de escurecimento, conforme já abordado.

Por fim, e não menos importante, ressaltamos que as frutas e as hortaliças produzidas por sistemas sustentáveis de produção de alimentos são mais saudáveis, ou seja, as orgânicas e agroecológicas não contêm resíduos de agrotóxicos, não são produzidas com sementes transgênicas e contêm maior quantidade de compostos bioativos (antioxidantes). Por todos esses motivos, é importante conhecermos os locais de comercialização de alimentos orgânicos e agroecológicos em nossa região e optarmos por comprar esses produtos de agricultores familiares, pois assim também contribuímos para o comércio local e o desenvolvimento da região.

3.1.2 Hortaliças

Hortaliças são "plantas ou parte de plantas que servem para consumo humano, como folhas, flores, frutos, caules, sementes, raízes e tubérculos" (Philippi, 2019, p. 87). Quando as partes comestíveis da hortaliça são folhas, flores, botões e hastes, chamamos de *verdura*. Quando a parte comestível origina-se dos frutos, sementes ou partes que se desenvolvem na terra, chamamos de *legumes* (Philippi, 2019).

Nesse grupo, estão incluídas também as plantas alimentícias não convencionais (Panc), sobre as quais trataremos com mais profundidade no Capítulo 5 deste livro.

A Figura 3.2 ilustra um tipo de Panc, a ora-pro-nóbis, cujas folhas são ricas em proteínas, aproximadamente 25 a 35% de proteína em base seca (farinha), segundo Kinupp (2014). Essa Panc comumente é usada em preparações com carne suína (costelinha, *suan*, pernil), bem como em tortas, saladas, no molho pesto, em massas, patês, entre outras preparações.

Figura 3.2 – Ora-pro-nóbis, um tipo de Panc

Mirian Goulart Nogueira/Shutterstock

A estrutura das hortaliças, que contém uma diversidade de composições, dependendo do tipo de vegetal, é formada pelas células vegetais. De forma geral, contêm carboidratos (4% a 24%), proteínas (1% a 3%), lipídios (pequenas quantidades), vitaminas, minerais e compostos bioativos. Esses alimentos são considerados alimentos reguladores, os quais contêm também boa quantidade de fibras, formadas, principalmente, por pectinas, celulose e hemicelulose (Ornelas, 2008).

Além de uma composição nutricional muito rica, os vegetais também contêm pigmentos naturais em abundância. Dependendo da cor do vegetal, há maior quantidade de determinados pigmentos: os vegetais verdes, por exemplo, contêm boa quantidade de clorofilas; os amarelos, alaranjados e vermelhos são ricos em carotenoides; o vermelho pode indicar betalaína (principalmente na beterraba), licopeno (por exemplo no tomate) e alguns tipos de flavonoides, como as antocianinas. Já as hortaliças vermelho-arroxeadas, como o repolho-roxo, são ricas em flavonoides; as brancas e branco-amareladas contêm, sobretudo, flavonas e flavonoides; e as amarronzadas contêm taninos (Ornelas, 2008).

Dependendo do tipo de exposição, os pigmentos podem alterar a coloração, como o repolho (flavonoides) e a beterraba (betalaína), que, em meio ácido, ficam mais avermelhados e, em meio básico, mais arroxeados, podendo, inclusive, chegar próximas da cor azul.

A clorofila também modifica seu verde: em meio ácido, ela fica mais verde-oliva (a exemplo do que ocorre com as ervilhas em conserva) e, em meio básico, torna-se um verde mais intenso.

> **Fique atento!**
> É contraindicado adicionar bicarbonato de sódio em preparações para intensificar a cor verde porque ele pode destruir vitaminas hidrossolúveis.

Os carotenoides são pigmentos mais estáveis e não modificam sua cor com a mudança de pH. Entretanto, em relação a seu consumo, por serem lipossolúveis, ou seja, solúveis em meio gorduroso, melhoram sua biodisponibilidade (absorção e utilização pelo organismo) quando ingeridos associados a uma porção de gordura e também quando são aquecidos e macerados (Lajolo; Mercadante, 2017).

Dessa forma, um molho de tomate, que contém licopeno (um tipo de carotenoide), será melhor aproveitado pelo organismo se for aquecido e tiver algum tipo de gordura na sua composição, que pode ser óleo vegetal, manteiga ou azeite de oliva, por exemplo.

Figura 3.3 – Pigmento natural betacaroteno

Algumas formas de utilizar os pigmentos naturais em cardápios profissionais são a coloração de massas frescas, panquecas, tapiocas, bolos, pães, chás, sucos, drinques, sobremesas e o que mais a criatividade permitir.

Outro fator importante na composição de vegetais é a presença de fatores antinutricionais, que podem diminuir ou inibir a absorção de nutrientes no intestino e, portanto, reduzem o valor nutricional da refeição. O ácido oxálico e o ácido fítico formam complexos com alguns minerais (Ca, Zn e Fe) e limitam sua absorção. Esses ácidos estão presentes, por exemplo, na couve-flor, no espinafre, no repolho, no aipo e na cebola. A cocção ameniza a quantidade desses fatores, tornando os minerais mais biodisponíveis.

O ácido cianídrico é um fator tóxico encontrado em grande quantidade na mandioca-brava e pode matar, dependendo da quantidade ingerida. Por isso, essa variedade de mandioca é recomendada para processamento de farinha e de outros derivados, os quais passam por processos que reduzem a quantidade de ácido cianídrico. Na mandioca/aipim tradicional, as quantidades são menores, mas, mesmo assim, é recomendado cozinhar a raiz antes de consumir, diminuindo essas quantidades (Ornelas, 2008).

Esses alimentos contêm também enzimas que podem contribuir para sua deterioração e sua senescência (morte do vegetal), além de causar escurecimento enzimático (polifenol oxidase – PPO e peroxidases), a exemplo do que ocorre quando cortamos batata para fritar e ela escurece depois de ficar um tempo em contato com o ar.

O escurecimento enzimático pode ser reduzido por meio de processos como o uso de ácidos (limão, laranja, ácido cítrico ou ascórbico), o branqueamento (imersão do vegetal por cinco minutos em água fervente, seguido de banho de gelo ou água fria), a utilização de embalagem isenta de oxigênio (a vácuo) ou o uso de agentes químicos (bissulfito e metabissulfito de sódio) (Lajolo; Mercadante, 2017).

Como explica Philippi (2019), as hortaliças podem ser classificadas de acordo com suas partes comestíveis em folhas, sementes, raízes e tubérculos, bulbos, flores, frutos e caules. São exemplos:

- **Folhas**: alfaces (americana, lisa, mimosa, romana, roxa, crespa, *frisée*), almeirão, escarola, rúcula, agrião, couve, repolho, espinafre, mostarda, além de Panc como peixinho-da-horta, taioba, azedinha, almeirão-roxo, bertalha e outras.
- **Sementes**: vagem, milho-verde, ervilha.
- **Raízes e tubérculos**: beterraba, cenoura, rabanete, nabo, araruta, batata, mandioca, batata *yacon*, batata-doce, batata-salsa/mandioquinha/batata-baroa, inhame, cará, cará-roxo, além da Panc cará-moela.
- **Bulbos**: alho, cebola e alho-poró.
- **Flores**: couve-flor, brócolis e alcachofra.
- **Frutos**: tomate, chuchu, berinjela, pimentão, jiló, pepino, abóbora, abobrinha, quiabo e maxixe, além da Panc conhecida como *caxi*.
- **Caules**: acelga, aipo, aspargo e ruibarbo.

Figura 3.4 – Ruibarbo

Diana Taliun/Shutterstock

Na classificação botânica, adicionamos ainda os parasitas, que são os cogumelos comestíveis, como paris, *shitake, funghi, shimeji*, salmão (também chamado de *shimeji* rosa), entre outros (Ornelas, 2008).

> **Fique atento!**
> Cogumelos são alimentos muito usados nas preparações vegetarianas e são boas fontes de selênio, potássio e vitamina B3. Um mito comum em relação aos cogumelos é pensar que eles são fontes de proteínas. Isso não é verdade, porque, em uma porção de 100 gramas de cogumelo, o que é uma quantidade considerável (2 ½ colheres de sopa cheias), encontramos de 1,5 g a 2 g de proteína, dependendo do tipo de cogumelo, enquanto, em 100 g de leguminosas, como a lentilha cozida, por exemplo, encontramos aproximadamente 7 g.

Os vegetais são utilizados para preparação de saladas cruas e cozidas, conservas, sucos, molhos e recheios de tortas, pizzas, pastéis e quiches (por exemplo ora-pro-nóbis, uma Panc), sopas, purês, pudim, suflê, hortaliças recheadas (tomate, berinjela, chuchu, pimentão, abobrinha, a Panc chuchu-de-vento), fritas (batata e aipim), à milanesa (abobrinha, berinjela, peixinho-da-horta), empanadas (couve-flor, a Panc flor de abóbora), bolinhos e croquetes, *sauté* (batata, cenoura, mandioca), refogadas e gratinadas. Também podem ser utilizados na forma de macarrão (fios de abobrinha e cenoura), como pigmentos naturais (beterraba, cenoura, couve e espinafre, repolho roxo, batata-doce roxa ou cará-roxo, uma Panc) e em massas (nhoque), pães (pão de batata), pão de queijo (com polvilho de aipim ou de araruta), patês (ora-pro-nóbis), escabeches (berinjela e pimentões) (Philippi, 2019).

É importante pensarmos em preparações que utilizam o alimento integralmente e/ou aproveitar as partes que seriam descartadas em outras preparações posteriormente, como o uso de talos, cascas e aparas para fazer caldos de legumes ou introduzi-los em recheios, sopas, saladas e outras preparações como bolos, *chips* e *snacks*, visando reduzir o desperdício de alimentos.

As partes mais comuns que podem ser aproveitadas integralmente são entrecascas de melancia e de maracujá, folhas e talos de cenoura, beterraba e couve-flor, cascas de banana, laranja, maçã, mamão, berinjela, beterraba, batata-inglesa, batata-baroa, entre muitas outras.

Mãos à obra

Para confirmar nossas indicações sobre o aproveitamento integral de muitas hortaliças, sugerimos a preparação de uma receita de carne louca de casca de banana.

Carne louca de casca de banana

Ingredientes
- 8 unidades de casca de banana
- 2 colheres de sopa de vinagre
- 1 colher (sopa) de azeite
- 1 unidade cebola
- 1 unidade de tomate
- 2 colheres de sopa de cheiro-verde
- 1 colher de sopa de *shoyu*
- Sal a gosto
- 1/4 colher (chá) de pimenta-do-reino

Modo de preparo

Descasque as bananas e retire a pele interna das cascas. Leve as cascas a um recipiente com água até cobrir e adicione o vinagre. Deixe de molho por cerca de 15 minutos. Em uma frigideira, adicione o azeite e a cebola picada e mexa até dourar. Acrescente o tomate e deixe refogando por mais 5 minutos. Adicione as cascas

> picadas conforme desejar e refogue até que estejam macias, cerca de 10 minutos. Finalize com os temperos e sirva.

Fonte: Lasac, 2021, p. 26.

Alguns tipos de processamento podem aumentar a vida de prateleira desses alimentos, já que são altamente perecíveis *in natura*. Podemos usar, nesse caso, o branqueamento antes do congelamento, o porcionamento e o congelamento (cortar cebolinha e congelar), o enlatamento (conservas), o armazenamento em embalagens especiais (a vácuo ou com atmosfera modificada), a produção de molhos (tomate), escabeches e patês.

Ao levar esses alimentos para o processo de cocção, devemos submetê-los pelo menor tempo necessário, visando à menor perda de nutrientes possível. O melhor método de cozimento é a vapor porque conserva nutrientes e características sensoriais. Quando são cozidos em água, seu caldo pode ser aproveitado em cozimento do arroz ou em sopas, pois alguns nutrientes hidrossolúveis passam do alimento para a água (Philippi, 2019).

3.1.3 Cereais

Cereais são definidos como "sementes ou grãos comestíveis de gramíneas, atualmente denominadas poáceas, como trigo, arroz, centeio e aveia" (Araújo et al., 2017a, p. 180).

Comercialmente, são denominados de acordo com sua classificação dada pelas normativas do Ministério da Agricultura, Pecuária e Abastecimento (Mapa). Por exemplo, o arroz parboilizado tipo 1 tem um beneficiamento específico para que seja denominado *parboilizado* e atende a critérios de defeitos máximos para que seja classificado como tipo 1, de acordo com a quantidade de defeitos que haja na amostra de análise, referente ao lote analisado. Ele pode ser classificado de tipo 1 a tipo 5, para o qual há maior tolerância em relação à quantidade de defeitos, portanto o tipo 5 é o de menor qualidade (Brasil, 2009a).

Segundo Araújo et al. (2017a), os principais cereais usados na alimentação humana são arroz, trigo, aveia, centeio, cevada, sorgo e milho. A quinoa e o amaranto, embora não pertençam à família das gramíneas, são considerados *pseudocereais*, uma vez que apresentam similaridade aos cereais em relação à sua composição de carboidratos (Fletcher, 2016).

Tanto os cereais como os pseudocereais podem ser consumidos em forma de grãos, como arroz, quinoa ou amaranto cozidos, ou em *mix* de cereais, como granolas, *musli* e barras de cereais. Eles também podem ser processados e transformados em farinhas, farelos, flocos, fibras, bebidas vegetais, xaropes e óleos, os quais são usados para produzir preparações culinárias e produtos alimentícios, como massas (macarrão, lasanha, pizza), pães, biscoitos, molhos espessados, bolos, tortas, entre outros (Philippi, 2019).

Valor nutricional e estrutura do grão de cereal

O grão de cereal tem conformação oval e é dividido em três principais partes: germe, ou embrião, endosperma e pericarpo (casca). O pericarpo é composto de várias camadas que recobrem externamente o grão (exocarpo, mesocarpo e endocarpo), representando, aproximadamente, de 8% a 17% deste. Contém quantidades elevadas de celulose (carboidrato complexo) e, portanto, é rico em fibras, além de proteínas, lipídios, vitaminas e minerais. Na moagem do grão, como ocorre no processo de obtenção de farinhas brancas, a casca é separada e, por meio dela, é feito o farelo. Já no processamento de farinha integral, a casca é mantida e é responsável pela cor mais acastanhada do produto (Salinas, 2002).

O endosperma corresponde, aproximadamente, a 63% a 87% do grão, contém carboidratos complexos na forma de amidos diversos, com cadeia linear ou ramificada, além de proteínas, como as gluteninas e as gliadinas, as quais são proteínas formadoras de glúten. O endosperma está localizado abaixo da casca e constitui as farinhas refinadas (Araújo et al., 2017a).

O germe, a menor parte da estrutura do grão, representando cerca de 2,5% deste, contém lipídios insaturados e, normalmente, também é retirado no processo de fabricação da farinha branca (Salinas, 2002; Araújo et al., 2017a).

Os macronutrientes que compõem os cereais são carboidratos (58% a 72%), proteínas (8% a 13%), lipídios (2% a 5%) e fibras alimentares (2% a 11%) (Araújo et al., 2017a). A composição desse grupo é reconhecida por apresentar grande quantidade de carboidratos, que são nutrientes fontes de energia, portanto, os produtos alimentícios e preparações culinárias produzidas com esses ingredientes constantemente têm valor calórico considerável. Os cereais integrais contêm maior quantidade de fibras, vitaminas do complexo B e minerais, visto que não perdem a película que reveste o grão (pericarpo) durante o beneficiamento, ao contrário dos cereais polidos (Araújo et al., 2017a).

Embora a composição proteica dos cereais seja variada, porque cada um contém uma combinação de aminoácidos diversa, é comum, entre eles, a limitação em relação a quantidades de lisina, um dos aminoácidos essenciais para a alimentação humana (Araújo et al., 2017a). Por isso, existe a recomendação de se consumir cereais em conjunto com leguminosas (feijão, lentilha, grão de bico, entre outros), as quais possuem lisina em quantidades adequadas, mas têm deficiência de metionina (outro aminoácido essencial) em sua composição, o qual é encontrado em quantidades adequadas nos cereais (Araújo et al., 2017a).

Dessa forma, como já citado no Capítulo 2, ao combinar um cereal e uma leguminosa, como arroz e feijão – o prato básico da alimentação brasileira –, atingimos a composição ideal de aminoácidos essenciais, consumindo apenas alimentos de origem vegetal. Isso porque os alimentos de origem animal, como leites, carnes e ovos, contêm, naturalmente, todos os aminoácidos essenciais em sua composição, mas os vegetais necessitam de combinações como essa para atingir uma combinação proteica de alto valor biológico.

Para alcançarmos as quantidades ideais de aminoácidos essenciais por meio do consumo de arroz e feijão, devemos consumir o cereal e a leguminosa na proporção de 3:1 (Araújo et al., 2017a). Já os pseudocereais, como a quinoa e o amaranto, contêm de 14 a 16% de proteínas balanceadas e, aproximadamente, o dobro de lisina e metionina, quando comparados aos cereais (Araújo et al., 2017a; Gouveia; Frangella; Exel, 2012). A quinoa, como vemos na Figura 3.5, pode ser branca, preta ou vermelha. Seus grãos contêm proteína de alta digestibilidade, composição de aminoácidos balanceada e valor biológico comparado à caseína do leite. Alguns estudos identificaram insuficiência de triptofano e isoleucina, aminoácidos presentes em abundância nos outros cereais, por isso a recomendação é a combinação desse pseudocereal com outros cereais e/ou leguminosas, a fim de atingir combinações ideais de aminoácidos essenciais por meio do consumo desses alimentos de origem vegetal (Araújo et al., 2017a; Gouveia; Frangella; Exel, 2012).

Figura 3.5 – Quinoa

Os cereais também representam fontes de vitamina E, vitaminas do complexo B, como tiamina, riboflavina e niacina, além de cálcio, magnésio e zinco (Araújo et al., 2017a).

3.1.4 Leguminosas

As leguminosas são grãos contidos em vagens de tecido fibroso (Ornelas, 2008; Philippi, 2014). Esse grupo inclui vários tipos de alimentos, como feijões (preto, branco, mulatinho, carioca, vermelho, jalo, azuki, fradinho, feijão-fava, feijão-de-corda, entre muitos outros), soja, ervilhas, lentilhas, amendoim e grão-de-bico, o que amplia o aporte de nutrientes, a variedade na alimentação e a diversidade de sabores (Brasil, 2014).

Estrutura, classificação e composição nutricional das leguminosas
Os grãos das leguminosas têm envoltório de celulose (2 a 5%) e, internamente, contêm 50% de carboidratos e cerca de 23% de proteínas, além de gorduras, vitaminas do complexo B e minerais, como ferro, zinco, cálcio e fósforo – esse conteúdo, entretanto, varia de acordo com o tipo de alimento (Livera; Salgado, 2007; Camargo; Botelho, 2008; Franco, 2008; Ornelas, 2008; Brasil, 2014; Philippi, 2014).

O perfil da quantidade de fibras e de calorias por grama desses alimentos resulta em alto poder de saciedade, o que evita o consumo além do necessário (Brasil, 2014).

As leguminosas são classificadas, de acordo com sua composição, em: *oleaginosas*, em função das quantidades elevadas de gordura, como a soja e o amendoim; e *grão*, que se diferenciam pela quantidade aumentada de amidos, como feijões, lentilhas e ervilhas. Além disso, também são classificadas de acordo com a qualidade dos grãos como: *avariados*, *inteiros* ou *pedaços de grãos* (Livera; Salgado; 2007; Camargo; Botelho, 2008; Ornelas, 2008).

Uma característica marcante das leguminosas é a presença, em sua composição, de substâncias denominadas *fatores antinutricionais*, como os inibidores de tripsina, os fitatos, os polifenóis e os oligossacarídeos (rafinose e estaquinose), que dependem de ações para sua inativação. Deixar os alimentos de molho (processo também chamado de *maceração*) e fervê-los em panela de pressão contribuiu com 90% da inativação da atividade dos inibidores da tripsina.

Ingerir alimentos ricos em vitamina C (suco de laranja, por exemplo) promove a absorção de ferro desses alimentos, pois a vitamina C une-se ao ferro e inibe a sua ligação com os fitatos e polifenóis (inibidores de absorção de ferro e zinco). Os oligossacarídeos podem, por sua vez, ser hidrolisados com a maceração, transformando-se em sacarídeos absorvíveis, reduzindo o potencial fermentativo das leguminosas (Araújo, 2003; Araújo et al., 2017a; Ornelas, 2008).

Agora que vimos a estrutura, a classificação e a composição nutricional das leguminosas, vamos estudar os critérios de seleção e as formas de preparo desses alimentos.

Ao selecionar alimentos do grupo das leguminosas, devemos observar se os grãos estão inteiros, se as embalagens estão intactas, se estão dentro do prazo de validade, sem aspectos aparentes de perda de umidade, sem presença de bolor ou mofo, sem carunchos, pedras ou outros agentes físicos que possam causar contaminação (física, química ou biológica) e/ou adulteração do produto.

O preparo das leguminosas envolve calor úmido, ou seja, os grãos devem ser cozidos em água, sendo que o tempo de cozimento depende da temperatura, do tipo do grão e de suas características (composição química, forma de armazenamento e umidade presente), para que eles possam absorver essa água e fiquem macios, aumentando sua digestibilidade e palatabilidade. As estratégias utilizadas para garantir esse processo incluem:

- lavar os grãos e deixá-los de molho por algumas horas (de 4 a 8 horas) antes do cozimento;
- adicionar quantidade de água de cozimento suficiente para intumescer o grão, geralmente, na proporção de 3:1;
- cozinhar os grãos em panela de pressão (em média, de 20 a 30 minutos);
- temperar o grão após o cozimento para evitar o endurecimento deste.

O grupo das leguminosas inclui alimentos ricos em proteínas, dos quais o feijão se destaca como principal fonte na alimentação brasileira, formando com o arroz nossa base alimentar e a combinação perfeita de aminoácidos essenciais de que precisamos, como já pontuamos em outras passagens. O feijão tem sua origem nas Américas, sendo muito utilizado pelos povos indígenas Incas, Astecas e Maias, em função do seu sabor e facilidade de cultivo.

Existem vários tipos, tamanhos, cores e sabores de feijão, além de diversas nomenclaturas, em função da região de origem, forma, local de cultivo e características do grão. Cada região do Brasil tem a tendência de consumir determinado tipo de feijão, em função de seus hábitos e costumes alimentares e da disponibilidade local do grão, com preparações bem típicas, como tutu à mineira, feijão tropeiro, feijoada, sopa de feijão, acarajé, abará, baião-de-dois, dobradinha, além do uso em saladas, sopas, cozidos e como acompanhamento. Entre todos os tipos, o feijão carioca é a variedade mais cultivada e mais consumida pelo brasileiro (Livera; Salgado, 2007; Camargo; Botelho, 2008; Ornelas, 2008; Philippi, 2014).

Tutu de feijão vegetariano

Ingredientes
- 1 xícara de chá de feijão azuki
- 3 colheres de sopa de azeite
- 200 g de linguiça defumada vegetariana cortada em pequenos cubos
- 1 xícara de talos de couve picado
- 2 colheres de sopa de cebola granulada desidratada
- 1 colher de sobremesa de alho desidratado
- Sal a gosto
- ½ xícara de chá de aveia em flocos finos
- 2 colheres de sopa de salsa desidratada

Modo de preparo
Cozinhe o feijão e reserve. Aqueça o azeite e refogue a linguiça, os talos de couve, a cebola, o alho e a salsa. Acrescente o feijão com o caldo e deixe levantar fervura. Adicione a aveia e mexa até obter a consistência desejada.

Fonte: Blog do Manjericão, 2021.

A soja é originária da Ásia, mais especificamente da China. É um alimento rico em proteínas de médio valor biológico (10 aminoácidos essenciais), 18 a 22% de lipídios, vitaminas (A, B, C e E) e minerais (magnésio, enxofre, cloro e potássio) (Franco, 2008; Ornelas, 2008). Pode ser consumida crua em grão, mas é mais utilizada em larga escala pela indústria de alimentos em subprodutos diversos, como margarinas, óleos vegetais, massas e biscoitos, além de produtos como queijo, farinha, bebidas, iogurtes, entre outros.

Como a soja não faz parte, tradicionalmente, da cultura brasileira, seu sabor e de seus produtos, geralmente, têm baixa aceitabilidade por parte dos consumidores. Em contrapartida, por conter alto valor de proteínas, é uma ótima aliada em dietas para pessoas com alergias à proteína do leite de vaca e muito utilizada em dietas vegetarianas. Seu perfil de açúcares favorece o consumo por diabéticos e seu conteúdo de isoflavonas faz dela um alimento funcional, em função de seus efeitos preventivos à saúde (Livera; Salgado, 2007; Camargo; Botelho, 2008; Ornelas, 2008).

As isoflavonas são compostos fitoquímicos presentes na soja com estruturas muito semelhantes aos estrógenos (hormônios), e seu consumo diário, segundo Ornelas (2008), está associado aos seguintes efeitos preventivos à saúde:

- Redução dos riscos de doenças cardiovasculares, porque diminuem o LDL colesterol e aumentam o HDL colesterol, inibindo o desenvolvimento de aterosclerose.
- Prevenção de algumas formas de câncer, porque controlam o crescimento e a regulação celular.
- Efeito antioxidante, porque inibem a produção de oxigênio reativo e a formação de radicais livres.
- Prevenção da osteoporose, porque sua ação estrogênica atenua a perda de massa óssea em mulheres na menopausa.
- Alívio dos sintomas da menopausa, por isso é uma alternativa ao tratamento da reposição hormonal tradicional.

Existem produtos de soja que são comuns à culinária oriental, que utiliza microrganismos em seu processo de produção e, por meio da fermentação, garante características marcantes de sabor, cor e texturas, como molho *shoyu* (molho de soja), missô (pasta de soja), *koji* (fermentado de arroz), *su-fu* (queijo chinês), *natto* e *hama-natto* (grãos fermentados) e tempeh (bolo de grãos fermentados) (Ornelas, 2008).

O tofu, uma espécie de "queijo de soja", é um alimento rico em proteína (como vemos no Quadro 3.1), por isso tem sido muito usado na culinária vegetariana. Ele pode ser preparado de várias maneiras, como mexido, grelhado, em forma de hambúrguer, em molhos como maionese, além de poder ser usado em preparações doces, como tortas e *mousses*.

Segundo a Embrapa (2024): "O edamame, também conhecido como soja verde ou soja hortaliça, é um alimento tradicional no Oriente que vem ganhando popularidade nos países ocidentais, incluindo o Brasil". Essa vagem é, normalmente, servida como aperitivo em restaurantes e bares de referência oriental, consumida acompanhada de bebidas como saquê, drinques e cerveja.

O edamame é comumente encontrado para compra na forma pré-cozida e congelada, e seu preparo consiste em cozinhar, por alguns minutos, em imersão, temperar e servir. Ele também pode ser encontrado torrado (pronto para aperitivos) e em conserva.

Figura 3.6 – Tofu (à esquerda, embaixo), tempeh (à direita, embaixo), edamame (vagens em cima do tofu à esquerda) e grão de soja (ao fundo)

Virginia Garcia/Shutterstock

Outro derivado de soja muito usado nas preparações culinárias veganas e vegetarianas é a proteína texturizada de soja (PTS). De acordo com a Comissão Nacional de Normas e Padrões para Alimentos (CNNPA), do Ministério da Saúde, a PTS é

> o produto proteico dotado de integridade estrutural identificável, de modo a que cada unidade suporte hidratação e cozimento, obtida por fiação e extrusão termoplástica, a partir de uma ou mais das seguintes matérias-primas: proteína isolada de soja, proteína concentrada de soja e farinha desengordurada de soja. (Brasil, 1978)

Na indústria de alimentos, a PTS é, usualmente, aplicada na produção de produtos cárneos processados e, na culinária, é usada, principalmente, em substituição à moída. Ela é encontrada em cores diferentes: a mais escura é usada para preparações que, originalmente, usam carne moída bovina e a mais clara, para substituir carne moída de ave. Assim, é ingrediente principal em hambúrgueres, bolinhos, kafta, molho à bolonhesa, farofas, escondidinho, lasanha, recheio de legumes – como pimentão, berinjela e abobrinha –, croquetes, *nachos*, entre outros.

A PTS também pode ser encontrada em formato de tiras, imitando picadinho de carne, sendo usada em estrogonofe, tiras com legumes, *fricassé*, entre outras preparações.

> **Fique atento!**
> É importante verificarmos a origem da soja e de seus derivados antes de comprá-los, para evitarmos a soja transgênica. Os alimentos transgênicos podem trazer riscos à saúde das pessoas e do meio ambiente.

Na Tabela 3.1, com base na Tabela Brasileira de Composição de Alimentos (TBCA), elaborada pela Universidade de São Paulo (USP), apresentamos um comparativo entre alimentos de origem animal e derivados de soja no que diz respeito à quantidade de proteínas.

Tabela 3.1 – Quantidade de proteína em alimentos de origem animal e em derivados de soja

Alimento	Gramas de proteína em 100 gramas do alimento
Peito de frango sem pele e sem osso	7,91
Leite de vaca integral fluido	2,93
Tofu	6,99
Proteína texturizada de soja hidratada com caldo de legumes	25,4
Bebida natural de soja (extrato)	2,73
Soja em grão, descascada, cozida, sem sal	11,3
Edamame cozida com sal	11,9

Fonte: Elaborada com base em TBCA/USP, 2024.

A lentilha parece estar presente como a mais antiga leguminosa na alimentação do povo do Mediterrâneo e foi trazida para o Brasil pelos europeus, cultivada, principalmente, no Sul do país. É utilizada cozida, refogada ou na confecção de sopas, bem como acompanhamento de arroz ou de outros cereais, além de servir como acompanhamento em ensopados com embutidos e carnes (Ornelas, 2008; Philippi, 2014).

O grão-de-bico tem origem nas regiões do Himalaia e do Cáucaso. É muito apreciado na culinária árabe, na forma de *homus* (pasta composta por grão-de-bico triturado, óleo *tahine* e temperos) ou *falafel* (bolinho frito de grão-de-bico); pelos italianos, em sopas e pratos ensopados com carnes e hortaliças; e, em países como Grécia e Espanha, toda a planta é aproveitada (da raiz torrada obtém-se uma espécie de café; as sementes são utilizadas em diversas preparações e o restante é usado como forragem). No geral, é um grão versátil, que pode ser utilizado cozido, refogado, em purês, massas de croquetes e bolinhos, saladas, sopas, torrado, como farinha, e em doces (Ornelas, 2008; Philippi, 2014).

A ervilha tem origem na região do Mediterrâneo. Pode ser consumida seca ou verde e suas variedades mais comuns são a ervilha-torta, cujos grãos e a vagem são consumidos, e a ervilha para debulhar, da qual somente o grão é consumido. Podemos servi-las simples e refogadas ou utilizá-las em saladas, sopas, purês, recheio de tortas e como complementos de outros alimentos como carnes, peixes etc. (Ornelas, 2008; Philippi, 2014).

A fava é originária da Ásia e da África e é cultivada no Sul do Brasil. Quando está verde, é considerada um legume e, quando seca, é uma leguminosa, com grãos como feijão (feijão-fava). Podemos utilizá-la cozida, em saladas e como acompanhamento do arroz (Philippi, 2014).

Figura 3.7 – Fava, à esquerda, e ervilha, à direita

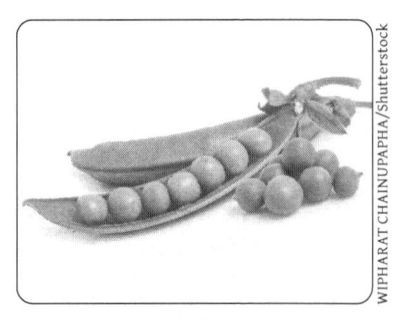

O amendoim tem origem na América do Sul, mais especificamente, no Brasil, no Paraguai, na Bolívia e na Argentina. Ele difere-se das demais leguminosas por dar frutos embaixo da terra, por seu alto teor de gordura (45 a 50%) e por necessitar ser submetido a calor seco (e não úmido, como as demais) para facilitar sua digestibilidade e palatabilidade.

É um ingrediente sempre presente em preparações nacionais, como vatapá, pé-de-moleque, cajuzinho e paçoca, além de ser consumido torrado (com sal ou açúcar), na forma de pasta de amendoim, em doces, entre outras (Ornelas, 2008; Philippi, 2014).

3.1.5 Ovos

Ovos são amplamente usados na alimentação ovovegetariana e/ou ovolactovegetariana, por isso a importância de estudar também esse ingrediente. Produto de origem animal, o ovo de galinha (de granja ou caipira) é o mais consumido no Brasil (Philippi, 2014).

Ricos em proteínas, sais minerais, vitaminas e gorduras, os ovos agregam sabor às refeições, são acessíveis à população do ponto de vista financeiro e são alimentos versáteis para o uso em diversas preparações culinárias (Brasil, 2014).

O ovo é um corpo unicelular formado no ovário dos animais e é composto por protoplasma, vesículas germinativas e envoltórios (Ornelas, 2008; Philippi, 2014). O ovo de galinha pesa em média 50 g e sua composição química está distribuída da seguinte forma:

- **Casca**: 11% de peso, 5,5 g, composta por carbonato de cálcio.
- **Clara**: 57% de peso, 28,5 a 35 g, composta por água, proteínas e rica em vitamina B12.
- **Gema**: 32% de peso, 15 a 16 g, composta por gordura (da qual 5% é colesterol), proteína, água e vitaminas A, D, E, K, B, cálcio, ferro e enxofre.

A casca é feita de três camadas: interna ou mamilar, esponjosa e cutícula. Essa estrutura tem pequenos poros que permitem trocas gasosas, protegem o ovo de contaminação e, ao mesmo tempo, impedem a perda de água e modificações no cheiro e no sabor dos ovos (Araújo, 2003; Araújo et al., 2017b; Ornelas, 2008; Philippi, 2014).

As membranas da casca são muito resistentes, mas, quando ocorre a postura do ovo, elas se separam para formar a Câmara de ar, devido à contração da porção líquida e à perda de gases (gás carbônico) no interior do ovo. Por isso, é fundamental verificar a temperatura de armazenamento dos ovos (indicamos essas condições à frente) e a umidade relativa do ar, a fim de controlar a intensidade de evaporação dos gases do seu interior e, assim, evitar alterações no produto (Araújo, 2003; Araújo et al., 2017b; Ornelas, 2008).

A clara tem como função proteger a gema contra impactos e mantê-la centralizada, o que ocorre em função das camadas de clara que circundam a gema (clara densa e clara fluida/fina) e das Calazas, uma de cada lado da gema, que a sustentam no centro. As principais proteínas da clara são: ovalbumina conoalbumina, ovomucoide, lisozima, ovomucina, avidina e ovoglobulina, que têm como principais propriedades físicas a viscosidade e a tensão superficial, conferindo a função de "formação de espuma" (ou estabilização) em preparações culinárias.

Figura 3.8 – Estrutura do ovo

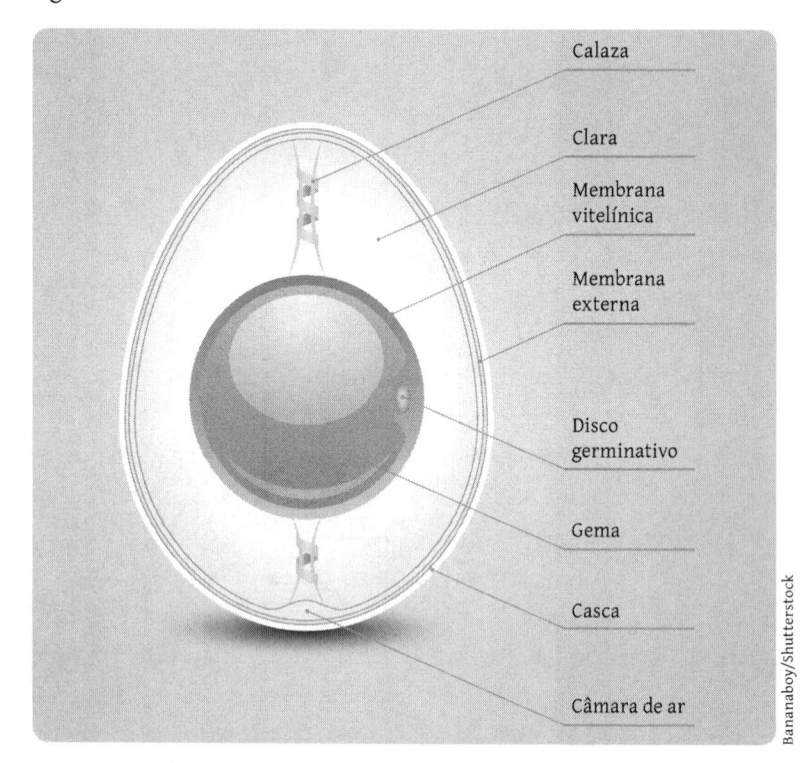

Além disso, todas as proteínas do ovo são solúveis em soluções salinas e têm a capacidade de coagular-se a temperaturas acima de 60 °C. A coagulação consiste em aglutinação, precipitação e mudança de cor das proteínas (por exemplo, clara do ovo fica branca), que não retornam ao estado anterior. Compostos ácidos (limão ou vinagre) e o sal aceleram a coagulação das proteínas do ovo, como na preparação do ovo *poché*). Outra dica é, na hora de fritar o ovo, adicionar sal, produzindo um coágulo mais espesso. O açúcar, por sua vez, retarda esse processo (Araújo, 2003; Araújo et al., 2017b; Ornelas, 2008; Philippi, 2014).

A gema é envolvida pela membrana vitelínica e, no seu interior, temos o disco germinativo. Sua composição é caracterizada por uma mistura de gorduras (gorduras simples, lecitinas e esteróis) e proteínas (fosfolipídios e lipoproteínas dispersas em uma solução de proteínas globulares), que conferem a propriedade de incorporar gordura aos alimentos na forma de emulsão. A coloração da gema (pigmentos de xantofila, caroteno e criptoxantina) é determinada pela espécie, pela idade e pela alimentação da ave, que fornecem qualidade nutricional e cor às preparações (Araújo, 2003; Araújo et al., 2017b; Ornelas, 2008).

Consideramos "ovo fresco" o ovo em casca que se mantenha armazenado sob temperatura de 8 a 15 °C e com uma umidade relativa do ar entre 70%–90%, mantendo intactas suas características qualitativas (Brasil, 1990).

De acordo com a legislação vigente (Brasil, 1990; Brasil, 2017), os ovos destinados ao consumo humano são classificados em duas categorias: 1) categoria A, na qual os ovos apresentam todas as suas características sensoriais e de qualidade adequadas; e 2) categoria B, na qual os ovos podem apresentar alterações em suas características, sendo destinados somente para o uso industrial. Além dessas duas categorias, os ovos também são classificados, comercialmente, por tipo, seguindo os critérios de peso, tamanho, cor e origem da espécie, como: industrial, pequeno, médio, grande, extra e jumbo (Ornelas, 2008).

Como já citamos, a temperatura e a umidade influenciam na qualidade dos ovos, portanto, é importante estabelecer critérios de qualidade em suas etapas de transporte e de armazenamento, protegendo-os do calor, para evitar alterações no produto. A casca do ovo contém uma cutícula que o envolve, protegendo-o contra a contaminação externa por microrganismos, por isso devemos lavar os ovos somente no momento da sua utilização (Araújo et al., 2017d).

Outro ponto importante diz respeito ao armazenamento em geladeira: os ovos devem ser retirados das embalagens de papelão (ou embalagem original), acondicionados em recipientes apropriados e mantidos no interior da geladeira, onde a temperatura mantém-se nos limites de conservação, entre 8 a 15 °C. As portas das geladeiras, pelo intenso "abre e fecha", não são locais adequados para o armazenamento de qualquer produto de origem animal (leite e derivados, ovos, carnes, entre outros) justamente pelo fato de não manterem a temperatura desejável para seu correto armazenamento.

O ovo é, comumente, consumido puro e quente, sendo preparado cozido, frito ou *poché*. Nas versões batidas salgadas (mistura da clara com a gema), é preparado mexido, como fritada e como omelete, nas quais podem ser acrescentados outros ingredientes, como frios, legumes, condimentos, ervas e até tapioca (crepioca); na versão batida com açúcar, é preparado como gemada.

Para obtermos um ovo cozido perfeito (as proteínas da clara coagulam-se primeiro e, depois, as da gema), é importante colocar o ovo na água em temperatura ambiente e deixá-lo cozinhando durante 10 minutos em fogo baixo. Caso extrapole o tempo de cozimento, forma-se uma camada esverdeada entre a clara e a gema, resultante da reação entre o enxofre da clara e o ferro da gema, que formam sulfureto de ferro (Livera; Salgado, 2007; Camargo; Botelho, 2008; Ornelas, 2008; Philippi, 2014).

Na gastronomia, as principais aplicações dos ovos são como espessante, revestimento de preparações e elemento de união, para dar estabilidade e volume às preparações, como agente coagulante, emulsificante e para dar cor e sabor, além de serem utilizados na decoração de pratos (Livera; Salgado, 2007; Camargo; Botelho; 2008; Ornellas, 2008; Philippi, 2014).

Além do ovo cru, também são comercializados ovos industrializados, na forma líquida (pasteurizado) ou desidratados (em pó), os quais apresentam como principais vantagens: facilidade no transporte e armazenamento, redução dos riscos de contaminação e aumento do tempo de validade/duração do produto, sendo frequentemente utilizados pela indústria de panificação, massas, sorvetes e confeitaria (Livera; Salgado, 2007; Camargo; Botelho, 2008; Ornelas, 2008; Philippi, 2014).

Por fim, temos observado a crescente comercialização de ovos com características específicas, com reduzido teor de colesterol ou enriquecidos com ácidos graxo essenciais (ômega 3) e vitaminas lipossolúveis (E), para atender a demandas específicas de saúde de determinados públicos (Philippi, 2014).

3.1.6 Leite e derivados

Leite e derivados são aceitos nas dietas lactovegetariana e ovolactovegetariana, motivo por que também vamos estudar esse ingrediente.

O leite é definido como um "produto oriundo da ordenha completa e ininterrupta, em condições de higiene, de vacas sadias, bem alimentadas e descansadas" (Araújo et al., 2017c, p. 163).

Quando na descrição da embalagem de um produto está registrado somente *leite*, significa que é leite de vaca, visto que, se for leite de outros animais, deve constar a palavra *leite* seguida do nome da espécie de que esse leite procede. Por exemplo, *leite de búfala*, *leite de cabra*, *leite de ovelha*, entre outros.

O leite é também conceituado como o "produto originado da secreção das glândulas mamárias das fêmeas dos mamíferos" (Araújo et al., 2017c, p. 163).

Segundo sua composição química, pode ser considerado "uma dispersão coloidal de proteínas em emulsão com gorduras, em uma solução de minerais, vitaminas, peptídeos e outros componentes" (Philippi, 2019, p. 133).

A lactose (açúcar), o carboidrato presente no leite, é responsável pelo leve sabor adocicado. Como algumas pessoas têm intolerância à lactose, elas não podem consumir leite e seus derivados, por isso optam por seus substitutos, como leites vegetais (soja, amêndoas, aveia, coco, amendoim, entre outros).

As principais proteínas presentes no leite são a caseína (em forma de micelas de caseína), além das lactoalbuminas, lactoglobulinas, albumina do soro e imunoglobulinas (presentes no soro).

O leite também contém gorduras, como ácidos graxos saturados e insaturados, fosfolipídios, como a lecitina do leite, a qual é importante para emulsionar o leite *in natura* e produtos processados em que ele é parte da composição, como na maionese feita com leite. Entre os micronutrientes, destacamos vitamina A, cálcio e fósforo (Araújo et al., 2017c; Philippi, 2019).

Os principais processos a que o leite *in natura* é submetido na indústria são pasteurização, ultrapasteurização (UHT) e homogeneização. A homogeneização é, basicamente, a quebra dos glóbulos de gordura, fazendo com que a gordura fique dispersa no leite, evitando a separação de fases e tornando o leite mais homogêneo.

Já a pasteurização e a ultrapasteurização são processos térmicos para reduzir a carga microbiana inicial do produto, aumentando a vida de prateleira e tornando seu consumo seguro. Na pasteurização, a temperatura atingida é de 72 °C a 76 °C por 15 a 20 segundos, enquanto na ultrapasteurização o aquecimento é de 130 °C a 150 °C por 2 a 4 segundos, ambos os processos passando por resfriamento imediatamente após o aquecimento.

Dessa forma, o leite pasteurizado (de pacotinho) é armazenado em refrigeração para manter sua qualidade, visto que ainda resiste uma carga microbiana e enzimas deteriorantes no produto, as quais devem ser controladas pela temperatura de armazenamento. O leite UHT, que após o processamento é também embalado de forma estéril em embalagens Tetra Pak®, pode ser armazenado sob temperatura ambiente, nas prateleiras dos supermercados (Philippi, 2019).

De acordo com o teor de gordura, o leite pode ser classificado como *integral*, com o mínimo de 3% de gordura; *desnatado*, com o máximo de 0,5% de gordura; e *semidesnatado*, com teor de gordura entre 0,6% a 2,9% (Brasil, 2024).

O leite pasteurizado pode ser classificado também em *leite pasteurizado tipo A*, que é produzido, beneficiado e envasado exclusivamente em granja leiteira, e *leite pasteurizado*, produzido em outras fazendas e enviados para beneficiamento e envase em outras agroindústrias (Brasil, 2024).

Os principais produtos derivados do leite são bebida láctea, doce de leite, leite condensado, leite aromatizado, leite em pó, leite fermentado, manteiga, nata, queijo azul, queijo coalho, queijo cremoso (*cream cheese*), queijo *danbo*, queijo de manteiga, queijo em pó, queijo minas frescal, queijo minas padrão, queijo minas meia cura, queijo muçarela, queijo parmesão, queijo *petit suisse*, queijo prato, queijo provolone, queijo ralado, queijo reggianito, requeijão, ricota, sobremesas lácteas, entre outros (Brasil, 2024).

A aplicação do leite na gastronomia confere sabor, cor, maciez, umidade e cremosidade aos produtos processados. O leite *in natura* pode ser usado em molhos, caldos, mingaus, cremes e massas, além de associado com outros ingredientes como açúcar, mel, achocolatados, chocolate e cacau, café, chá, frutas e sorvetes (Philippi, 2019).

Queijos são produzidos por meio da coagulação enzimática do leite. Para tanto, é usada uma enzima (renina), que promove hidrólise das micelas de caseína, desestabilizando a emulsão do leite, separando o soro do leite dos coágulos e, assim, produzindo a massa do queijo, que, em seguida, é acomodada nas formas e assume o formato específico.

Comercialmente e popularmente, a renina é chamada de *coalho*, o qual pode ser adquirido em lojas especializadas para produção de queijos. Iogurtes são produzidos por meio da coagulação ácida do leite, obtida pela fermentação de bactérias ácido lácticas (fermento) que são adicionadas durante o processo produtivo desse produto. O uso na culinária vai desde o alimento isolado, ou associado a mel, frutas, granolas, aveia, até o uso em preparações como bolos, saladas, sopas, pães, cremes e doces (Philippi, 2019).

Para as dietas vegana e vegetariana estrita, as bebidas vegetais (mais popularmente conhecidas como *"leites" vegetais*) são uma boa substituição ao leite. Como já citamos, essas bebidas são elaboradas por meio de cereais, frutas oleaginosas ou leguminosas, como arroz, soja, castanhas, amêndoas, aveia, quinoa, entre outros.

As **bebidas vegetais** industrializadas geralmente são enriquecidas com vitaminas e minerais, como o cálcio. Isso possibilita aporte desse micronutriente, assim como, originalmente, ele é obtido por meio do leite. As bebidas preparadas de forma artesanal, no entanto, não contam com esse aporte, por isso é importante o consumo de outros alimentos ricos em cálcio para atingir as recomendações diárias.

Figura 3.9 – Bebida vegetal

Assim como os leites, os **queijos vegetais** são uma boa opção para dietas livres de alimentos de origem animal. Os queijos vegetais são, normalmente, elaborados com oleaginosas, tubérculos e cereais, como castanhas, nozes e amêndoas, bem como tofu, batatas, inhame, polvilho, aveia, entre outras bases.

Esses ingredientes podem ser usados nas preparações em substituição aos queijos convencionais. Eles são apresentados em diversas formas, como queijos duros e moles, moldados em círculos e retângulos, queijo ralado, fatiado e cremoso. Dessa forma, dependendo da receita, é possível escolher aquele que mais se adequa.

Os mais bem aceitos são os de oleaginosas, mas o tofu também é muito usado, pois tem sabor mais neutro e pode ter diversas texturas. Alguns queijos são encontrados ainda na versão defumada, o que confere um sabor diferenciado às preparações.

3.1.7 Levedura nutricional

Como explica Barone (2021), "a levedura *Saccharomyces cerevisiae*, também conhecida como levedura nutricional, é um microrganismo pertencente à espécie *Saccharomyces sensu stricto*, usada pela indústria, principalmente, na produção de pães e de bebidas alcoólicas, como a cerveja e o vinho".

Atualmente, tem sido empregada em preparações vegetarianas devido ao sabor, principalmente no processamento de queijos e de patês vegetais. Mas, além da sua contribuição para as características organolépticas das preparações, a levedura nutricional também pode ser uma aliada na disponibilidade de vitamina B12 para a população vegetariana, visto que é um alimento com boas concentrações dessa vitamina, enriquecendo assim as preparações (Barone, 2021).

Na Tabela 3.2, comparamos a levedura nutricional ao acém bovino em relação à quantidade de B12: uma colher de sopa de levedura tem valores aproximados a 100 g de acém bovino moído. Podemos concluir, então, que ela é uma boa opção para obtenção dessa vitamina, principalmente para pessoas veganas ou vegetarianas.

Tabela 3.2 – Quantidade de vitamina B12 em levedura nutricional e acém bovino moído

Alimento	Porção	Vitamina B12
Levedura nutricional*	5 g (uma colher de sopa)	2,4 mcg
Acém bovino moído cozido	100 g (quatro colheres de sopa)	2,6 mcg

* Levedura da marca Eat Clean.
Fonte: Elaborado com base em TBCA/USP, 2023; Eat Clean Brasil, 2024.

De acordo com revisão feita por Barone (2021), além de sua função extremamente fermentativa, essa levedura contém "vitamina do complexo B, em especial a tiamina (B1), riboflavina (B2), niacina (B3), ácido pantoténico (B5) e ácido fólico", bem como "apresenta boas concentrações de alguns minerais como ferro e selênio, proteínas, vitamina B12 e até de vitamina D, devido a sua concentração de ergosterol".

3.1.8 Outros ingredientes de uso na culinária vegetariana

A fim de variar e enriquecer as preparações vegetarianas, podemos usar também alimentos que imitam o sabor da carne defumada, como a fumaça líquida, ou fumaça em pó. Ambas as fumaças são obtidas por meio de fumaças de queima de madeira em estado gasoso. Para tanto, a fumaça líquida é obtida por condensação e a fumaça em pó, por meio da desidratação da fumaça líquida.

Esses ingredientes são temperos que devem ser usados com cuidado, em proporções pequenas, pois, se adicionados em grande quantidade, podem criar sabor artificial.

A fumaça líquida, por exemplo, pode ser adicionada de duas em duas gotas e ir provando o preparo, pois é um tempero bem concentrado e de sabor forte. Normalmente, é usada para tempero de alimentos ou preparações que substituem as carnes.

Outro bom ingrediente para proporcionar sabor às preparações vegetarianas é o molho de ostras, um condimento muito usado na culinária asiática que pode ser encontrado também na versão vegetariana. Nesse caso, o molho é preparado com cogumelos diversos – os mais utilizados são o *shitake* e o cogumelo ostra – em forma de essência de cogumelos, em pó ou *in natura*. Além deles, podem ser usados molho de soja e algas, como a alga *nori* e a alga *kombu*, que podem remeter a preparação aos frutos do mar. Esse molho também pode ser encontrado pronto para venda em lojas especializadas.

Como substitutos das carnes, além da PTS e do tofu, já abordados, a carne de jaca também tem sido amplamente usada, principalmente em referência à carne desfiada. Ela pode remeter tanto à carne de frango desfiada – nesse caso, é muito usada no empadão ou na coxinha – quanto utilizada para substituir carnes bovinas, como no barreado ou no bife *bourguignon*.

A textura que parece carne desfiada é própria do ingrediente, mas a cor pode ser moldada de acordo com a preparação. Para que fique com a cor de carne de frango, podem ser adicionados cúrcuma e colorau; já para a cor da carne vermelha podem ser adicionados colorau, tomate, molho *shoyu*, molho inglês ou outros molhos e especiarias amarronzadas, pois a carne de jaca é naturalmente de cor clara.

Carne de jaca

Magdanatka/Shutterstock

Ingredientes

- 1 jaca verde (preferencialmente tipo dura)
- Óleo para proteger os utensílios
- Sal e temperos a gosto

Modo de preparo

Lave bem a jaca com uma escovinha. Passe óleo em tudo que poderá entrar em contato com a jaca quando for cortá-la (faca, tábua, pia, interno da tampa da panela de pressão e, principalmente, nas mãos), pois a textura é grudenta e de difícil remoção. Ao passar o óleo, evitamos que grude nos utensílios e nas mãos do manipulador de alimentos. Corte a jaca em rodelas de dois dedos de espessura. Coloque em uma panela de pressão, cubra-a com água e cozinhe por 40 minutos. Depois de cozida, retire as sementes da jaca e aproveite a massa entre a casca e as sementes. Como é fibrosa, vai parecer com carne de frango desfiada. Coloque a carne da jaca em uma panela com uma colher de azeite, adicione o sal e os temperos que desejar, preparando um refogado para atribuir aroma, cor e sabor à receita. A carne de jaca pode ser congelada em embalagem vedada por até 30 dias para usar em outros preparos.

Outro substituto amplamente usado é o *seitan*, também conhecido como *carne de trigo* ou *glúten de trigo*. Ele é feito por meio do glúten de trigo e, assim como o glúten é formado por proteínas, o *seitan* é um alimento rico em proteína. Além disso, sua textura e sabor também são semelhantes aos da carne. Dessa forma, o *seitan* é usado grelhado, assado ou frito em preparações e ensopado em recheios de sanduíches, tortas, rocamboles e outros pratos. Também pode ser usado para preparar churrasco vegano e falso *bacon*.

Figura 3.10 – *Seitan* assado

Karl Allgaeuer/Shutterstock

Alimentos processados também podem compor as preparações vegetarianas. Entretanto, devemos lembrar que, por serem processados, esses alimentos devem representar uma parte pequena da refeição diária, devendo ser usado com pouca frequência para a composição de uma alimentação saudável. Algumas opções são hambúrgueres, *bacon*, linguiça, salsicha, *nuggets* e carne moída.

Por fim, cogumelos e palmito também compõem pratos como substitutos de carne. O palmito desfiado, assim como a jaca, pode ser usado em preparações em referência ao frango desfiado, como o fricassê de palmito desfiado, um prato muito comum dessa substituição. Os cogumelos e o palmito em cubos são muito usados para o *strogonoff* e para a moqueca.

3.2 Técnicas de pré-preparo e preparo

As etapas do preparo de alimentos podem ser divididas em dois momentos principais: o pré-preparo e o preparo. Durante o pré-preparo, são feitas operações preliminares a que se submetem os alimentos antes do preparo propriamente dito. Segundo Ornelas (2008) e Philippi (2019), são elas:
- Limpar.
- Separar/escolher.
- Lavar/sanitizar.
- Descascar.
- Picar/cortar.
- Misturar.

Na gastronomia, as operações de separação são subdivididas em dois grupos: 1) a divisão ou subdivisão simples; e 2) a divisão ou subdivisão com separação de partes.

A **divisão simples** consiste em dividir um alimento em partes e utilizá-las subdivididas, sem a necessidade de retirar alguma dessas partes para utilizar o ingrediente na preparação. São exemplos da divisão simples: **cortar e picar**, com uso da faca, dividindo o alimento em partes menores, como picar um tomate; **moer**, que se trata de dividir em partes menores com a ajuda de um moedor, como moer carne; **triturar**, com a ajuda de um triturador, como o amendoim; **amassar**, de forma que vire um purê, o que pode ser feito com garfo, amassador ou outro equipamento do gênero (Ornelas, 2008; Philippi, 2019).

Já a **divisão com separação de partes** retira alguma parte do alimento que não será usada e, para isso, é necessário lançar mão de alguma técnica. Ornelas (2008) e Philippi (2019) citam os seguintes exemplos:
- **Separação de dois líquidos**: Decantar (separar dois líquidos, como a gordura do leite para fazer manteiga); centrifugar (retirada da gordura do leite pela centrífuga industrial); e destilar (processo usado, sobretudo, para bebidas alcoólicas destiladas).

- **Separação de dois sólidos:** Descascar, tamisar (passar por peneira, também chamada de *tamis*, para padronizar o tamanho dos grânulos); pelar (retirar a pele, como no tomate, para fazer molho); e moer.
- **Separação de um líquido e um sólido:** Espremer (como nos espremedores de suco de laranja); sedimentar (partículas sólidas acumulam-se no fundo do recipiente, como no processo de elaboração de cerveja); coar (retirar fibras de sucos através da peneira); filtrar (café); centrifugar (centrífugas de sucos).

> **Importante!**
> Nos processos de subdivisão com separação, o valor nutritivo do alimento é reduzido, como no caso de refino de cereais, descascar frutas ou coar sucos, quando, comumente, são perdidas vitaminas, minerais e fibras (Ornelas, 2008).

Durante o preparo dos alimentos, as operações mais comuns são os métodos de união, de aplicação de calor e de frio.

Entre os **métodos de união dos alimentos**, as operações podem ser divididas em: 1) **misturar** (unir dois ou mais ingredientes aplicando energia mecânica, como fazemos em uma massa de bolo, por exemplo); 2) **bater** (movimentos mais rápidos, que exigem mais força, comumente feitos pela batedeira, como no caso de misturar claras em neve com açúcar); e 3) **amassar ou sovar** (para o desenvolvimento do glúten nas massas, o qual promove elasticidade e extensibilidade, é necessário sovar vigorosamente e, quando em grandes quantidades, comumente são usadas as masseiras industriais) (Philippi, 2019).

Formas de aplicar calor aos alimentos
Segundo Ornelas (2008), durante as operações térmicas de preparo, também chamadas de *cocção*, temos três principais **formas de aplicar calor aos alimentos:**

1. **Convecção:** Transmissão de calor por deslocamento de moléculas aquecidas. Esse tipo de calor é característico para preparos que são aquecidos pelo ar quente, como churrasqueira e fornos, bem como aqueles que usam água para transferência de calor ao alimento, como cocção por calor úmido, o qual veremos na sequência.
2. **Condução:** Conduz o calor através de uma molécula para outra. É o caso de metais aquecidos que entram em contato com o alimento, como chapas, grelhas, frigideiras e outros tipos de calor seco.
3. **Irradiação:** Transmissão de energia em forma de calor por ondas ou partículas. Isso ocorre no micro-ondas, onde os alimentos são aquecidos através de ondas eletromagnéticas, que fazem as partículas dos alimentos vibrarem produzindo calor e aquecendo o alimento de dentro pra fora.

3.3 Receitas vegetarianas para café da manhã

As receitas apresentadas nesta seção podem compor eventos que servirão refeição do tipo *brunch*, ou mesmo em lanches da tarde, *coffee break* e demais eventos com características similares. Nesses eventos, algumas preparações podem ser acrescentadas com a finalidade de atender clientes vegetarianos.

A bebida vegetal de amendoim, por exemplo, pode ser uma opção de acompanhamento ao café ou achocolatado para as pessoas que não consomem leite de origem animal. Essa bebida também pode ser elaborada com outras oleaginosas, como castanhas e amêndoas, além de cereais, como aveia, e frutas, como o coco. Todas apresentam o mesmo princípio de liquidificar com água e coar em voal, no entanto, as oleaginosas precisam de um tempo de remolho para hidratação, tal como está explicitado na receita a seguir.

Bebida vegetal de amendoim

Ingredientes
- 1 ½ copo de amendoim cru, sem sal e sem casca

Modo de preparo
Deixe o amendoim de molho em água por 12 horas. Após esse tempo, escorra e lave os grãos, coloque-os em uma panela e cubra com água. Cozinhe em fogo médio até ferver. Depois, desligue o fogo e deixe em repouso por cinco minutos. Escorra a água e lave os grãos novamente. Leve o amendoim ao liquidificador com um litro de água e bata até a mistura ficar homogênea. Por fim, coe em uma peneira de malha fina ou um voal (tecido). A bebida vegetal de amendoim está pronta!

A receita de mingau apresentada a seguir é uma opção doce que também pode ser acompanhada do consumo de frutas e granolas.

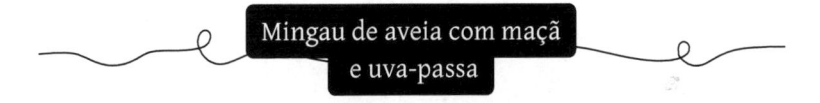

Mingau de aveia com maçã e uva-passa

Ingredientes
- 300 ml de bebida vegetal de amendoim (ou qualquer outra bebida vegetal)
- 2 colheres de sopa de aveia em flocos
- ½ maçã média
- 1 colher de sopa de semente de linhaça
- ½ colher de uva-passa

Modo de preparo

Adicione a bebida vegetal e a aveia em uma panela. Leve ao fogo médio mexendo sempre até espessar. Coloque o mingau em um recipiente. Corte a maçã à *brunoise* e triture a semente de linhaça. Adicione a maçã e a linhaça sobre o mingau. Por fim, polvilhe a uva-passa. Uma variação é bater a uva-passa com a bebida vegetal antes de preparar o mingau; assim a preparação ficará levemente adocicada e com sabor de uva-passa.

A preparação a seguir pode ser elaborada não apenas para porção individual, servida em conjunto com pães, como pão sírio ou pão de fermentação natural, e uma bebida, compondo uma refeição, como também pode ser preparada no formato de mini porções para compor um *brunch* com várias outras opções.

Tofu com abacate

Ingredientes

- ½ abacate
- 100 g de tofu
- 1 colher de chá de azeite de oliva
- 3 tomates-cereja
- Açafrão-da-terra (cúrcuma), sal e pimenta-do-reino a gosto

Modo de preparo

Corte o tofu em fatias. Leve uma frigideira em fogo médio e adicione o azeite de oliva.

Grelhe o tofu até dourar. Tempere o tofu com sal, açafrão e pimenta-do-reino. Adicione o abacate sobre o tofu. Corte os tomates-cereja ao meio e disponha em cima do abacate. Tempere o abacate e os tomates com sal.

A receita a seguir pode ser variada de forma a compor recheio de tortas doces, crepes, panquecas e pastéis. O queijo de castanha-de-caju é uma excelente combinação com a goiabada, mas ele também pode ser substituído por outro tipo de queijo vegetal, inclusive queijos cremosos. A geleia de goiabada também pode ser substituída por outro tipo de doce, como geleia de damasco, mel, doce de leite vegano, entre outros.

Sanduíche Romeu e Julieta

Ingredientes
- 1 pão integral
- 1 fatia de queijo de castanha-de-caju
- 1 colher de sopa de geleia de goiaba

Modo de preparo
Corte o pão ao meio e recheie com o queijo e a geleia de goiaba.

Homus é sempre uma ótima opção para abrilhantar um *brunch* em razão de seu sabor e de sua versatilidade e pode acompanhar canapés, torradas, pães, entre outros. Além disso, pelo fato de ser composto de grão-de-bico, o *homus* é uma ótima fonte de proteína de origem vegetal. Como essa proteína é melhor absorvida com uma fonte de vitamina C, servir um suco de laranja, limão, acerola ou outra fonte de ácido ascórbico é um diferencial.

Homus

Ingredientes
- 250 g de grão-de-bico, que deverá ficar de molho por 12 horas
- 1 cabeça de alho
- 1 limão siciliano
- Pimenta-do-reino a gosto
- 1 colher de tahine
- 1 colher de sobremesa de azeite de oliva
- 1 colher de chá de sal

Modo de preparo
Depois de o grão-de-bico ficar de molho por 12 horas, escorra e descarte a água e lave os grãos em água corrente. Cozinhe o grão-de-bico até que fique bem macio (aproximadamente uma hora na panela comum ou 20 minutos na panela de pressão). Envolva o alho em papel-alumínio e leve-o, enrolado no papel-alumínio, para assar a 180 °C. Em um processador ou um liquidificador, coloque o grão-de-bico cozido com, aproximadamente, duas colheres de sopa do caldo do cozimento e bata com o tahine, o sal, o alho assado e o suco do limão, até tornar-se uma pasta.

Finalize com azeite de oliva e pimenta-do-reino. Uma boa opção é servir com páprica salpicada, pão pita e legumes assados para acompanhar.

Na preparação de *homus*, utilizamos *tahine*, que pode ser feito por nós mesmos, conforme a receita a seguir, ou comprado pronto. Preparar o *tahine* é uma excelente opção, visto que ele pode ser preparado na quantidade a ser utilizada, evitando desperdícios, que podem acontecer no caso de comprar embalagens com quantidades que nem sempre são utilizadas, e ainda garantindo a qualidade do ingrediente, fator essencial para produzir um excelente *homus*.

Tahine

Ingredientes
- 250 g de gergelim branco
- óleo de canola/girassol

Modo de preparo
Torre o gergelim na frigideira ou no forno. Em seguida, bata o gergelim torrado em um processador de alimentos, acrescentando o mínimo de óleo, até tornar-se uma pasta lisa, cremosa e homogênea. O processo também pode ser feito em um liquidificador, mas, nesse caso, é mais difícil bater e pode ser necessário ir adicionando um fio de óleo vegetal para que o processo se torne viável. Cuidado para não adicionar muito óleo vegetal, somente o suficiente para conseguir bater o gergelim.

O *falafel* pode ser frito ou assado. Aqui, optamos por orientar a receita de *falafel* assado, por ser mais saudável. O *falafel* pode ser servido com molho de *tahine* como acompanhamento, ou qualquer outro molho da preferência. O molho pesto também é uma ótima combinação, mas, em versões mais ousadas, podemos usar molho de pimenta, molho de mostarda e mel ou outro molho agridoce.

Falafel assado

Ingredientes

- 250 g de grão-de-bico (fazer remolho dos grãos por 24 horas antes da receita e descartar a água antes de usá-los)
- 1 cebola
- 2 dentes de alho
- 1 colher de chá de cominho
- 1 colher de chá de sal
- salsinha, cebolinha e coentro a gosto

Modo de preparo

Bater tudo no liquidificador ou processador de alimentos. Moldar os bolinhos em formato de miniquibe ou mini-hambúrguer e assar a 180 °C por 20 minutos ou até que estejam assados.

A receita a seguir é uma excelente opção de antepasto, porque as berinjelas são levadas diretamente à chama e, por isso, ficam com sabor de defumadas.

Babaganoush

Ingredientes
- 3 colheres de sopa de *tahine*
- 2 berinjelas
- 1 dente de alho
- 1 limão
- azeite e sal a gosto

Modo de preparo
Higienize as berinjelas e espete-as em um garfo, ou segure-as com uma pinça, e coloque-as diretamente sobre a chama do fogão para defumar, sempre virando para que assem por igual. Em seguida, abra as berinjelas ao meio, no sentido longitudinal, e raspe sua polpa com a ajuda de uma colher. Corte essa polpa em cima de uma placa, em pedaços bem pequenos. Misture o *tahine*, o alho bem picado, o suco do limão, o azeite e sal a gosto. Se preferir, esse processo também pode ser feito no processador de alimentos. Essa pasta de berinjela defumada pode ser servida com pão pita, torradas ou palitos de batata, cenoura e pepino.

3.4 Receitas vegetarianas para grandes refeições

Durante a elaboração de cardápios para grandes refeições, é sempre importante considerar a inclusão de receitas vegetarianas. Nesse sentido, a seguir apresentamos receitas e ingredientes que podem auxiliar na montagem desses cardápios. É sempre importante, contudo, pensar que pequenas modificações também são muito importantes. Por exemplo, ao preparar receitas de farofas, saladas e antepastos que não levam carne, cuidar com a adição de *bacon*, calabresa ou outro ingrediente cárneo. Essas são preparações que podem compor a refeição de uma pessoa vegetariana e que, em razão da adição de um único ingrediente, restringirá seu consumo.

Para iniciar, vamos conhecer o processo de germinação das leguminosas, visto que esse processo cria um diferencial para o serviço e enriquece a refeição servida, tanto no quesito originalidade quanto na composição nutricional.

A germinação da leguminosa favorece a eliminação de fatores antinutricionais presentes no grão. No entanto, para que o alimento fique ainda mais digerível, é importante aquecer a leguminosa germinada, no mínimo, à temperatura de 45 °C para eliminar a outra parte dos fatores antinutricionais ainda presentes.

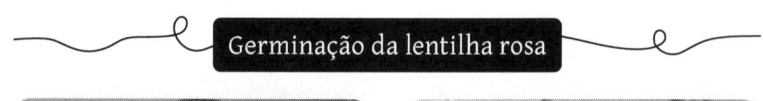

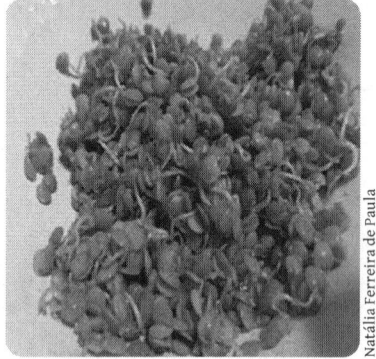

Germinação da lentilha rosa

Ingredientes
- 250 g de lentilha rosa

Modo de preparo
Coloque a lentilha em uma vasilha e cubra com água, deixando de molho por cerca de 12 horas. Em seguida, escorra a água e coloque em um recipiente de germinação, ou faça uma adaptação em um copo de vidro com tecido *voal* na tampa. Deixe o recipiente de boca para baixo, com inclinação, de forma que a água possa escorrer e o ar possa entrar no recipiente, como ilustrado na figura anterior. Deixe em local com pouca luz e arejado. Lave a lentilha (dentro do copo mesmo) duas vezes por dia, escorrendo toda a água em seguida. Ele ficará assim por quatro dias e, então, terá germinado, como na imagem, à direita, da figura anterior.

A preparação da salada da receita a seguir contempla saltear a lentilha germinada pensando na incorporação de sabor e aroma e no melhor aproveitamento dos nutrientes presentes no grão, como citamos anteriormente.

Grãos também podem ser encontrados para venda já germinados, caso não seja viável a germinação do grão antes da preparação.

Salada de lentilha rosa germinada

Ingredientes
- 300 g de lentilha rosa germinada
- ½ colher de sopa de manteiga
- ¼ de cebola
- cheiro-verde a gosto

Modo de preparo
Descasque e corte a cebola à *ciseler*. Adicione a manteiga e a cebola em uma frigideira grande e leve ao fogo médio. Deixe a cebola dourar.

Acrescente a lentilha germinada. Salteie a preparação por três minutos em fogo médio. Acrescente o tomate picado à *brunoise* e salteie por mais dois minutos. Desligue o fogo e acrescente o cheiro-verde picado a gosto. Emprate e sua salada está pronta!

A abobrinha recheada é uma preparação encontrada, comumente, com recheio de carne moída, calabresa ou queijo. A proposta de apresentar a versão vegetariana pode ser uma opção interessante para o serviço. A receita leva recheio de PTS, mas outras opções também podem ser exploradas, como o recheio de carne de jaca, carne de casca de banana, tofu com cogumelos ou outro queijo vegetal.

Abobrinha recheada

Bondar Illia/Shutterstock

Ingredientes
- 1 abobrinha verde
- 50 g de proteína texturizada de soja (PTS)
- 1 colher de chá de óleo vegetal
- ½ cebola
- 1 tomate
- 50 g de queijo vegetal ralado

Modo de preparo

Lave a abobrinha em água corrente, corte ao meio, no sentido longitudinal, raspe a polpa com a ajuda de uma colher e pique-a em pedaços bem pequenos. Coloque as duas metades da abobrinha, já sem a polpa, em água fervente e mantenha até que estejam macias. Em outra panela com água, adicione a PTS e leve ao fogo para hidratar. Após levantar a fervura, mantenha por cinco minutos. Mexa sempre para não transbordar da panela. Retire do fogo após os cinco minutos e escorra a água. Refogue a cebola (cortada em *ciseler*) no óleo vegetal. Adicione a PTS e, em seguida, a polpa da abobrinha picada e o tomate cortado em cubos. Coloque a abobrinha, previamente cozida, em uma assadeira. Adicione o refogado onde a polpa foi retirada, polvilhe queijo vegetal ralado e leve ao forno para gratinar. O PTS refogado também pode ser usado em molho bolonhesa, recheio de panqueca, tortas, quibes e demais preparações que originalmente levam carne moída.

A versão original da receita de suflê de legumes leva ovos e leite, mas ela pode ser adaptada para não utilizar nenhum ingrediente de origem animal, a fim de atender a todos os tipos de vegetarianismo. Suflês são ótimas opções para acompanhamentos e podem ainda ser servidos em cardápios de lanches e *brunch*.

Suflê de legumes

Ingredientes
- ½ couve-flor
- 1 cenoura
- ½ cebola
- 1 colher de chá de óleo vegetal

- 40 g de manteiga (pode ser substituída por margarina ou óleo vegetal)
- 40 g de farinha de trigo
- 1 litro de leite (pode ser usado o leite vegetal)
- 1 colher de chá de sal
- Noz-moscada a gosto
- 3 ovos (podemos substituir as gemas por chia hidratada e as claras por aquafaba)
- 50 g de queijo parmesão ralado (pode ser usado queijo vegetal)

Modo de preparo

Lave em água corrente a couve-flor e a cenoura. Descasque a cenoura e rale com a ajuda de um ralador. Corte a cebola em cubos e refogue no óleo vegetal. Em seguida, adicione a cenoura ralada e a couve-flor e refogue até que fiquem *al dente*. Para preparar o molho branco, leve a manteiga ao fogo, adicione a farinha de trigo e, em seguida, o leite, o sal a gosto e a noz-moscada. Mexa bem com o fuê até que forme um molho espesso. Desligue o fogo, adicione as gemas batidas, o queijo e os legumes. Por fim, adicione as claras em neve. Coloque em uma assadeira untada e leve ao fogo preaquecido à 180 °C por 35 minutos.

O arroz com lentilha é uma preparação bem aceita pelo público em geral e um super diferencial para o público vegano, já que combina um cereal e uma leguminosa no mesmo prato, atendendo à necessidade de aminoácidos essenciais.

Arroz com lentilha

Ingredientes

- 300 g de arroz parboilizado (também pode ser arroz branco ou integral)
- 200 g de lentilha (também pode ser a lentilha rosa)
- 600 ml de água
- 1 cebola
- 3 dentes de alho
- 1 colher de chá de óleo vegetal
- 2 colheres de chá de sal

Modo de preparo

Higienize, descasque e corte a cebola e o alho à *ciseler*. Refogue a cebola e o alho em um fio de óleo. Adicione o arroz e refogue. Adicione também a lentilha (se for usar a lentilha germinada, adicione ao arroz após os dez primeiros minutos de cozimento, pois ela é mais macia), sal a gosto e água fervente. Deixe cozinhar até que fique macio (aproximadamente, 25 minutos) e, se necessário, adicione mais água. Após cozido, o arroz está pronto e pode ser servido com cebola caramelizada.

Para a torta da receita a seguir podem ser utilizados os legumes que estiverem na época e, de preferência, que sejam orgânicos ou agroecológicos. Outra opção bem interessante é utilizar talos e cascas de frutas e hortaliças na composição da torta, aproveitando integralmente os alimentos.

Torta de legumes

Ingredientes

Para o recheio:
- 1 colher de chá de óleo vegetal
- 1 xícara de milho cozido (pode ser em lata)
- ½ xícara de ervilha
- 1 xícara de cenoura descascada e picada *à brunoise*
- 1 pimentão (pode ser o amarelo, vermelho ou verde)
- 1 colher de chá de sal
- Pimenta-do-reino a gosto

Para a massa:
- 400 g de tofu macio
- 1 ½ xícara de grão-de-bico cozido e sem caldo (pode ser substituído por lentilha ou feijão)
- 5 colheres de sopa de azeite de oliva
- 1 colher de chá de sal
- temperos a gosto (algumas opções são páprica defumada, cúrcuma em pó, mostarda em pó, alho e cebola em pó, pimenta-do-reino)
- ¼ xícara de farinha de grão-de-bico (também pode ser farinha de arroz ou farinha de trigo)
- 1 colher de sopa de polvilho doce
- 1 colher de sopa de fermento em pó

Modo de preparo

Para preparar o recheio, refogue todos os ingredientes em uma frigideira até que fiquem macios, aproximadamente, por dez minutos. Para preparar a massa, bata o tofu, o grão-de-bico, o azeite e os temperos no liquidificador. Transfira a massa para um recipiente e adicione os ingredientes secos (farinha de grão-de-bico, polvilho e fermento). Misture bem até que a massa fique lisa e uniforme. Adicione o recheio e misture tudo. Unte uma assadeira média antiaderente e coloque a massa para assar no forno a 180 °C por, aproximadamente, 40 minutos ou até que esteja assada (dourada e firme). Deixe esfriar um pouco antes de desenformar e cortar.

3.5 Receitas vegetarianas para lanches

É importante entendermos que, embora as preparações vegetarianas, muitas vezes, tenham a denominação de preparações de origem animal, como o queijo, por exemplo, elas têm características diferentes, próprias das bases e dos ingredientes utilizados.

Assim, ao elaborar preparações vegetarianas inspiradas em preparações de origem animal, devemos objetivar produzir texturas, sabores e aromas agradáveis ao paladar, mesmo que não sejam exatamente iguais às preparações de origem animal, mas que possam ser fontes de nutrientes e de momentos prazerosos e afetivos do consumidor com o alimento.

O queijo de castanha-de-caju não é exatamente igual a um queijo de leite de origem animal; no entanto, é um alimento muito saboroso, que pode contribuir para a elaboração de tortas, lasanhas, panquecas, pastéis, pratos gratinados, entre outros.

Queijo de castanha-de-caju

Ingredientes
- 1 xícara de castanha-de-caju
- 1 ½ xícara de água
- 1 colher de chá de sal

- 2 colheres de sopa de azeite de oliva
- 1 colher de sopa de vinagre de maçã
- 2 colheres de sopa de levedura nutricional em flocos
- 2 colheres de sopa de polvilho doce
- 2 colheres de sopa de polvilho azedo

Modo de preparo

Coloque as castanhas-de-caju em um recipiente, cubra com a água quente e deixe de molho durante 15 minutos, até que fiquem macias. Depois desse tempo, escorra a água do remolho e descarte, coloque as castanhas hidratadas no liquidificador, adicione 1 ½ xícara de água, o sal, o azeite de oliva, o vinagre de maçã, os polvilhos e a levedura nutricional (vai contribuir para o sabor e a cor de queijo). Bata por, aproximadamente, 2 minutos, ou até a mistura ficar bem lisa. Coloque em uma panela e mexa sempre, até engrossar; quanto mais tempo de fogo, mais viscoso ele ficará. Cozinhe por, aproximadamente, 5 a 7 minutos. Unte um pote circular médio com óleo vegetal e disponha o creme no recipiente. Cubra com papel-filme para não formar crosta (o papel-filme deve ficar em contato com o creme). Leve à geladeira até esfriar e ficar firme. Por fim, se desejar, pode desenformar e o queijo vegetal está pronto! Esse tipo de queijo estica depois de aquecido, assim pode ser usado em sanduíches quentes, pizzas, tortas, entre outras preparações.

Fonte: Plantte, 2023.

Muito versátil e saborosa, a ricota de tofu é uma opção para recheios e patês servidos com torradas, bolacha salgada ou em sanduíches.

Ricota de tofu

Ingredientes
- 350 g de tofu firme
- 2 colheres de sopa de azeite de oliva
- 2 colheres de sopa de suco de limão
- 2 colheres de sopa de vinagre de maçã
- 1 colher de chá de sal
- 1 colher de chá de alho em pó
- 2 colheres de sopa de levedura nutricional em flocos
- Pimenta-do-reino moída a gosto

Modo de preparo
Bata tudo no processador de alimentos, ou no liquidificador, até atingir a textura parecida com a da ricota. Se preferir mais cremoso, adicione água aos poucos até que fique na textura desejada. Pode-se adicionar ervas finas nessa base para variar os sabores, antes de bater ou ao final, cortadas na faca.

Fonte: Plantte, 2022.

Queijo ralado vegetariano

Ingredientes
- 1 xícara de castanhas-de-caju
- 1 colher de chá de sal

- 1 colher de chá de alho em pó
- ¼ de xícara de levedura nutricional em flocos

Modo de preparo
Bata todos os ingredientes em um processador de alimentos e armazene em um recipiente bem fechado sob refrigeração. Após o processamento, o queijo já ficará com a textura e apresentação de queijo ralado. Esse queijo ralado pode ser usado em saladas, gratinados, massas, entre outras preparações.

Fonte: Plantte, 2022.

Hambúrgueres vegetais são ótimas opções para lanches e podem também ser modelados em formato mini para minisanduíches. Eles podem ser elaborados com leguminosas, como feijão, lentilha e grão-de-bico, e com tofu, cogumelos, PTS e vegetais, como abobrinha e beterraba.

Hambúrguer de grão-de-bico

Ingredientes
- 1 ⅓ xícara de grão-de-bico
- 1 colher de sopa de farinha de aveia
- 2 colheres de sopa de pimentão vermelho picado
- 1 colher de sopa de salsinha
- ½ colher de café de pimenta-caiena
- 1 pitada de sal

Modo de preparo
Deixe o grão-de-bico de molho por 24 horas. Escorra bem e passe por um processador junto com os demais ingredientes. Tempere com sal

e pimenta. Deixe descansar por duas horas. Modele os hambúrgueres. Aqueça uma frigideira com um fio de azeite e doure os dois lados.

Preparar o próprio tofu garante a qualidade do ingrediente e reduz custos para o serviço, por isso apresentamos a receita de tofu e, em seguida, uma receita de tofu mexido. A ideia é que fique parecido com ovo mexido, por isso pode ser usada em lanches ou em refeições.

Tofu

Primeiramente, é preciso preparar a bebida vegetal de soja e, em seguida, o tofu.

Ingredientes
- 250 g de grão de soja (de preferência, não transgênico)
- 80 ml de vinagre de maçã, ou de álcool, ou suco de limão (agentes coagulantes)

Modo de preparo
Em um recipiente, deixe os grãos de soja de molho, imersos em água por 12 horas. Bata a soja com água (meça dois dedos de água acima dos grãos de soja no liquidificador). Despeje a mistura dentro de um voal ou pano e coe. A bebida de soja está pronta! Reserve o resíduo que sobrar no voal (okara), ele pode ser usado em muitas receitas. Para preparar o tofu, coloque a bebida de soja em uma panela e espere ferver. Assim que começar a borbulhar, desligue o fogo e acrescente o agente coagulante (vinagre ou limão) e mexa suavemente. Espere cinco minutos e, caso perceba que o leite não talhou totalmente, acrescente mais acidez e aguarde. O ponto certo é quando só resta um líquido transparente ao redor dos grumos e não mais o leite esbranquiçado. Coloque o voal no pano higienizado

dentro da forma de queijo e, com uma escumadeira, passe os grumos da panela para dentro do pote. Tampe com a outra parte do tecido e coloque outro pote ou tampa em cima. Acrescente um peso para ajudar na drenagem (se a forma não tiver a prensa, podemos adicionar um pacote de arroz ou feijão de 1 kg). Nessa etapa, sairá muito líquido do tofu, por isso é importante colocar o pote em cima de algum utensílio para que essa água escorra. Aguarde, no mínimo, uma hora para desenformar. Quanto mais tempo esperar, mais consistente ficará o tofu.

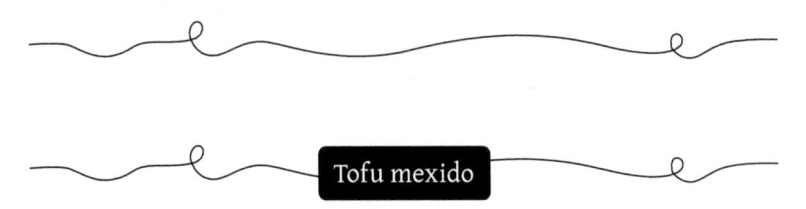

Tofu mexido

Ingredientes
- 250 g de tofu
- 1 colher de sopa de óleo ou azeite de oliva
- 1 colher de chá de açafrão-da-terra
- ¼ de colher de chá de sal
- ¼ de xícara de chá de leite vegetal (opcional)

Modo de preparo
Amasse o tofu. Se quiser mais sequinho, use um voal ou pano de prato limpo para espremer o excesso de água. Em uma frigideira antiaderente grande, coloque o óleo, o tofu amassado, o açafrão e o sal. Misture bem e deixe refogar em fogo médio por cerca de cinco minutos ou até o tofu ficar sequinho e com a cor amarela (depois que desligar, ela vai ficar mais acentuada). Mexa sempre. Se quiser o tofu cremoso, coloque o leite vegetal. Sirva quente. Está pronto!

A seguir, apresentamos uma receita de aproveitamento integral dos alimentos. Assim, se o estabelecimento produz leite de soja, o resíduo gerado após coar a bebida pode ser aproveitado para elaboração dessa preparação. Esse resíduo é chamado de *okara*. A soja é um alimento rico em nutrientes, portanto, utilizar seu resíduo é interessante no sentido de evitar o desperdício de alimentos e nutrientes.

Bolinho de okara

Ingredientes
- 700 g de okara (resíduo do leite de soja)
- ½ xícara de chá de cheiro-verde picado
- 1 maço de coentro picado
- 200 g de cebola triturada
- 2 colheres de sobremesa de farinha de trigo
- Sal a gosto
- 1 fio de azeite de oliva
- Óleo para fritar

Modo de preparo
Misture a okara com a cebola, o cheiro-verde, o coentro, o sal e o azeite. Acrescente farinha de trigo. Modele os bolinhos e frite por imersão ou somente com óleo no fundo da panela.

Fonte: Cozinha Vegetariana, 2008.

A aquafaba é uma grande substituta da clara de ovo em neve. É ótima para servir com bolos, sorvetes, tortas e usar em *mousses*. Pode ser feita sem açúcar e baunilha para usar em preparações salgadas, como suflês, ou bolos, como pão de ló, em substituição das claras em neve.

Merengue com aquafaba

Ingredientes
- 1 xícara de chá da água do grão-de-bico em lata (1 lata de 400 g)
- 1 xícara de chá de açúcar
- ½ colher de chá de extrato de baunilha

Modo de preparo
Sobre uma tigela, passe o grão-de-bico por uma peneira e deixe escorrer bem a água. Reserve o grão-de-bico para outra preparação (veja a receita de homus). Deixe a água do grão-de-bico por alguns minutos no congelador, se ela estiver mais gelada, será mais fácil atingir o ponto do merengue. Transfira a água do grão-de-bico para a tigela da batedeira e bata por cerca de cinco minutos. Comece em velocidade baixa e depois aumente, gradualmente para alta, até espumar, dobrar de volume e ficar com aspecto de clara em neve. Diminua a velocidade da batedeira e adicione o açúcar aos poucos. Junte o extrato de baunilha e bata por mais cinco minutos até ficar firme e brilhante, com aspecto de merengue. Transfira para uma tigela e o merengue está pronto.

> **Para saber mais**
> Para conhecer mais receitas e técnicas culinárias sobre preparações vegetarianas, indicamos o canal Plantte, no Youtube. Há vídeos com receitas veganas fáceis de fazer e que agradam aos mais diversos paladares. O objetivo do canal é proporcionar

> ideias diferentes e ensinar a preparar tanto receitas básicas como pratos para ocasiões especiais.
>
> Plantte. Disponível em: <https://www.youtube.com/c/PLANTTE/about>. Acesso em: 10 abr. 2024.

Síntese

Neste capítulo, abordamos os grupos de alimentos como frutas, hortaliças, cereais e leguminosas, bem como sua composição nutricional, seus benefícios e aplicações na gastronomia vegetariana. Pontos relevantes desses itens é que são alimentos que proporcionam a combinação de aminoácidos essenciais para substituição de alimentos de origem animal na dieta vegetariana.

Ingredientes diferenciados também foram apresentados, como plantas alimentícias não convencionais (Panc), queijos vegetais, leguminosas germinadas, carne de jaca, proteína texturizada de soja (PTS), tofu, levedura nutricional, seitam, molhos e especiais como a fumaça líquida, entre outros que compõem o mundo da gastronomia vegetariana.

Técnicas de pré-preparo e preparo também foram abordadas, ressaltando-se preparações de aproveitamento integral dos alimentos, como a carne de casca de banana e o bolinho de resíduo do preparo de leite de soja.

Além disso, foram trabalhadas as principais tendências adotadas para elaboração de preparações na gastronomia vegetariana. Assim, preparações para aplicações em cardápios de *brunch*, lanches e grandes refeições são parte do capítulo.

Assim, foi possível verificar como a alimentação vegetariana, ainda que restrita para alimentos de origem animal, pode ser diversa. Por fim, esse conteúdo pode aprimorar conhecimentos para a criação de receitas base que podem derivar uma infinidade de preparações e *menus* vegetarianos.

> **Mãos à obra**
>
> Com base nos estudos deste capítulo, crie uma preparação vegetariana para grandes refeições (almoço e jantar). Essa preparação deve ser prática, saborosa e versátil, para que possa ser facilmente incorporada em cardápios de restaurantes convencionais. Parta de uma preparação já existente que utiliza alimentos de origem animal e teste seu conhecimento adaptando-a com as técnicas e os ingredientes apresentados neste capítulo.

Questões para revisão

1. Assinale a afirmação correta sobre cogumelos:
   a) São ricos em proteínas.
   b) Não são fontes de selênio.
   c) São amplamente utilizados em preparações vegetarianas.
   d) Têm mais proteína do que leguminosas.
   e) Contêm a mesma quantidade de vitamina B12 que as carnes.

2. Com relação aos fatores antinutricionais nas leguminosas e seus métodos de inativação mencionados no texto, avalie as afirmativas a seguir.
   I) Deixar os alimentos de molho e fervê-los em panela de pressão contribuem, significativamente, para a inativação dos inibidores de tripsina.
   II) Os fatores antinutricionais nas leguminosas incluem a rafinose, que é inativada pelo processo de cozimento.
   III) Os fitatos nas leguminosas não podem ser inativados por nenhum método culinário.
   IV) Triturar os grãos de leguminosas em processador de alimentos elimina os polifenóis que causam gases.

Agora, assinale a alternativa correta:
a) Apenas a afirmativa I é correta.
b) Apenas a afirmativa II é correta.
c) As afirmativas I e II são corretas.
d) As afirmativas I e IV são corretas.
e) Apenas a afirmativa III é correta.

3. Quais alimentos de origem vegetal que, consumidos em conjunto, podem suprir as necessidades nutricionais de aminoácidos essenciais? Justifique sua resposta.

4. Liste três vantagens de utilizar a levedura nutricional nas preparações vegetarianas.

5. Assinale a alternativa que indica corretamente substitutos da carne para *strogonoff* comumente usados na culinária vegetariana:
a) Palmito em cubos, PTS em tiras e cogumelos.
b) Fumaça líquida, carne de jaca e alga *kombu*.
c) Hambúrgueres, cogumelos, PTS em tiras e molho de ostras.
d) Molho de ostras, palmito desfiado, PTS em cubos e alga *nori*.
e) Queijo de castanha de caju, PTS em grãos e carne de jaca.

Questão para reflexão

1. Faça uma pesquisa informal com pessoas não vegetarianas para descobrir os "mitos" em relação a essa dieta. Após a pesquisa, analise as respostas e responda a esses "mitos" com base no conteúdo estudado até aqui. Compartilhe sua reflexão com seu grupo de estudo.

Capítulo 4

Formas de empreender com a culinária vegetariana

Êmellie Cristine Alves

Conteúdos do capítulo
- Orientações para o empreendedorismo.
- Princípios da gastronomia funcional.
- Tipos de preparações para diferentes ocasiões.
- Receitas para diferentes ocasiões.

Após o estudo deste capítulo, você será capaz de:
1. identificar os conceitos e a aplicação da gastronomia funcional vegetariana;
2. elaborar receitas vegetarianas para diferentes públicos;
3. adaptar receitas para torná-las mais atrativas.

4.1 Empreendedorismo em gastronomia vegetariana

O empreendedorismo pode ser definido como o processo de transformação de ideias em oportunidades de negócios. E, diante de todas as perspectivas que o vegetarianismo apresenta, não faltam oportunidades para que surjam novos negócios para suprir as demandas desse público. A soma de diversos fatores contribui para o crescimento desse nicho de mercado, entre eles, podemos citar:

- maior número de indivíduos que se reconhecem como vegetarianos;
- aumento de informações sobre saúde e bem-estar;
- questões relacionadas à sustentabilidade ambiental;
- sensibilidades, alergias e intolerâncias alimentares;
- praticidade no preparo e/ou na aquisição da refeição.

Conforme vimos anteriormente, de acordo com dados do Instituto Brasileiro de Geografia e Estatística (IBGE), 14% dos brasileiros identificam-se como vegetarianos, o que significa cerca de 29,2 milhões de indivíduos seguindo esse modelo alimentar (Viegas, 2020). Segundo a Associação Brasileira de Bares e Restaurantes (Abrasel), o faturamento com produtos alternativos ao consumo de carne, leite, queijos e ovos subiu cerca de 20% durante os anos de 2018 a 2020 (Viegas, 2020).

Tendo em vista a parcela da população que adotou o vegetarianismo como modelo alimentar, é possível compreender que as possibilidades de empreender por meio do vegetarianismo são vastas e abrangem áreas relacionadas a vestuário, bolsas, sapatos, produtos de higiene e beleza e, principalmente, alimentos.

Embora a gastronomia vegetariana seja uma das áreas de maior crescimento nos últimos anos, os estabelecimentos alimentícios destinados exclusivamente ao público vegetariano ainda são escassos em algumas cidades. Observamos, contudo, um aumento de locais, como supermercados, restaurantes, pizzarias e confeitarias, destinados a esse público, com a opção de consumo no local, de retirada do pedido diretamente na loja (*take away*) ou via aplicativo.

Ao decidir empreender, é necessário ter em mente qual será o nicho de atuação do seu negócio. Para isso, separamos alguns pontos para o conhecimento das possibilidades do empreendedorismo na gastronomia vegetariana.

O primeiro passo é pesquisar. Antes de iniciar um negócio, devemos pesquisar o que já existe nas proximidades, tanto no bairro quanto na cidade, avaliando as ofertas de mercado.

O passo seguinte é definir qual vertente do vegetarianismo atenderemos, pois ovolactovegetarianos, ovovegetarianos e veganos aceitam o consumo de ingredientes diferentes. Essa informação deve estar clara no rótulo dos produtos e em outras pontos estratégicos.

Em seguida, devemos escolher o nosso público-alvo: bebês, crianças, adolescentes, jovens, adultos, gestantes, *fitness*, idosos. Depois, devemos definir se o produto terá uma proposta diferenciada: alimentação saudável, orgânicos, zero açúcar, *low carb*, composto somente por alimentos integrais, *slow food* ou, até mesmo, *junk food*. É possível também ofertar preparações para eventos e ocasiões especiais, como Páscoa, Natal e Ano Novo.

Com base nas definições anteriores, devemos considerar a forma de apresentação da preparação: refeição pronta, congelada, semipronta, ingredientes separados. Como consequência da definição anterior, vem a escolha da embalagem, que deve ser prática, de fácil manipulação, além de otimizar o estoque e o transporte. A embalagem escolhida deve, principalmente, garantir que o alimento mantenha suas características organolépticas até o momento do consumo.

A apresentação do produto é um aspecto que pode influenciar bastante no sucesso, tanto no que diz respeito à embalagem quando no que se refere ao conhecimento do mercado sobre seu produto. O tipo de mídia para divulgação do produto ou do espaço deve ser definido com base no público-alvo.

> **Importante!**
> As características sensoriais do produto devem ser garantidas até o momento do consumo, considerando o prazo de validade que foi estabelecido.
> A segurança sanitária da preparação também deve ser garantida. Para tanto, é preciso identificar e minimizar os pontos de perigo em todas as etapas de produção. As instalações devem ser adequadas e também deve haver investimento em capacitações para que a equipe esteja habilitada para lidar com todas as situações.

Após escolher a melhor embalagem para o produto, devemos inserir a rotulagem e as informações nutricionais de acordo com a legislação vigente. O mais recomendado é contratar, ou consultar, um profissional habilitado para auxiliar nessa etapa.

A avaliação dos custos de todas as etapas, desde a aquisição até a distribuição do produto, é essencial par definir o negócio, por isso o planejamento é fundamental nessa etapa.

Antes de colocar o produto no mercado, vale a pena fazer a análise sensorial da preparação. Essa etapa busca avaliar o produto como um todo, desde cor, textura e sabor até a aceitabilidade dos consumidores.

O investimento em cursos é também uma forma para assegurar as escolhas mais adequadas. O empreendedorismo é muito mais do que o desenvolvimento e a comercialização de uma ideia. A aplicação das técnicas corretas facilitará a sua caminhada, bem como a troca de conhecimento e de experiências com outros empreendedores, seja da mesma área, seja de outras semelhantes.

4.2 Gastronomia funcional vegetariana

O conceito de gastronomia funcional combina os princípios da gastronomia em preparações saudáveis e, principalmente, nutritivas, aplicando técnicas que aproveitem ao máximo os benefícios de cada ingrediente.

Para tanto, a escolha dos insumos deve considerar não somente a presença dos macronutrientes (carboidratos, proteínas e lipídios), mas também os teores de fibras, vitaminas, minerais e fitoquímicos.

A gastronomia funcional tem como objetivo, portanto, a preservação dos compostos ativos e a valorização das características de cada alimento, realçando sabor, cor e textura, sem deixar de oferecer uma experiência prazerosa. As criações da gastronomia funcional buscam garantir uma alimentação variada, promovendo a saúde em todas as fases da vida.

Os princípios da gastronomia funcional estão relacionados com a base da alimentação vegetariana saudável, pois ambas buscam uma alimentação rica em nutrientes por meio de um cardápio balanceado e que fuja da monotonia. Para muitos (vegetarianos e não vegetarianos), uma dieta que exclua o consumo da carne e derivados pode ser muito trabalhosa e repetitiva, limitando-se à substituição da carne pela famosa proteína texturizada de soja (PTS) ou recorrendo a alimentos ultraprocessados.

Como vimos até aqui, existe uma infinidade de possibilidades dentro da gastronomia vegetariana que podem ser utilizadas tanto nas preparações cotidianas, como indicamos anteriormente, quanto nas datas comemorativas e nos encontros sociais. Reconhecemos que esse seja, talvez, o maior desafio para alguns, pois, muitas vezes, buscamos receitas que evocam memórias afetivas, como sobremesas, comidas especiais de fim de ano, entre tantas outras.

Para ilustrar todos esses conceitos, apresentaremos algumas receitas que unem os conceitos até aqui apresentados: preparações baseadas na gastronomia funcional que podem ser aplicadas a datas comemorativas e eventos. Selecionamos algumas preparações especiais, mas que poderão ser modificadas de acordo com a necessidade. Nosso principal objetivo é apresentar receitas que fujam do básico e inspirem o profissional de gastronomia a criar.

A primeira receita é o pavê de paçoca, que pode ser servido como sobremesa, como lanche da tarde ou como parte do bufê de uma festa.

Uma dica para variar a receita é a substituição da pasta de amendoim pela pasta de outra oleaginosa, como a pasta de castanha-de-caju, que tem um sabor suave e pode ser facilmente encontrada. A pasta de oleaginosa pode ainda ser combinada com um *mix* de frutas secas para adicionar um leve adocicado à preparação.

Pavê de paçoca

Ingredientes
- 1 ½ xícaras de leite vegetal de sua preferência
- ½ xícara de açúcar cristal
- 6 colheres de sopa de amido de milho
- 1 xícara de pasta de amendoim sem açúcar
- 1 colher de sopa de licor de amendoim
- 150 g de biscoito maisena vegano
- 1 xícara de amendoim xerém para polvilhar

Modo de preparo
Forre uma forma de bolo inglês com papel-alumínio e unte com óleo vegetal. Em uma panela, misture parte do leite (reserve ½ xícara) com o açúcar e o amido. Leve ao fogo, mexendo sempre até engrossar. Retire do fogo e junte a pasta de amendoim. Mexa bem até obter uma mistura homogênea. Reserve até amornar. Numa tigela, misture o leite reservado com o licor. Passe os biscoitos rapidamente nessa mistura. Espalhe um pouco do creme no fundo da forma e monte o pavê alternando camadas dos biscoitos e do creme, finalize com o creme. Cubra com filme PVC e leve à geladeira por 8 horas. Pouco antes de servir, desenforme e polvilhe com o xerém de amendoim.

Fonte: Cardoso, 2015, p. 33.

O brigadeiro é um clássico brasileiro e, na receita a seguir, o chocolate meio amargo pode ser substituído pelo chocolate branco ou ao leite, ambos veganos. É necessário prestar atenção ao preparo da base da receita.

Para preparar a biomassa de banana verde, as bananas precisam estar bem verdes e a sua casca íntegra. A casca não deve ser retirada ou cortada. Após o preparo dos brigadeiros, o doce pode ser envolto em chocolate granulado, cacau em pó ou amendoim triturado.

Brigadeiro de chocolate meio amargo

Ingredientes

Para a biomassa de banana:
- 4 bananas bem verdes, com a casca

Para o brigadeiro:
- 200 g de chocolate vegano meio amargo
- 4 colheres de sopa de açúcar mascavo
- granulado de chocolate vegano a gosto, para finalizar

Modo de preparo

Para prepara a biomassa, lave bem as bananas e coloque-as na panela de pressão. Cubra com água fria. Quando começar a pressão, baixe o fogo e cozinhe por mais 10 minutos. Desligue o fogo e deixe sair a pressão.

Reserve parte da água e escorra o restante, retire a polpa das bananas com cuidado, cortando a casca. Bata a polpa cozida no liquidificador até obter uma pasta. Se for preciso, adicione algumas colheres de água do cozimento. Para preparar o brigadeiro, coloque a biomassa de banana em uma panela e adicione o chocolate e o açúcar. Misture e leve ao fogo, mexendo sempre até obter um creme denso. Distribua entre oito copinhos individuais. Deixe esfriar e finalize com o chocolate granulado.

Fonte: Cardoso, 2015, p. 37.

A receita de *mousse* de chocolate apresentada a seguir é uma ótima opção para ser servida em eventos em porções individuais. Para adoçar, o melado pode ser substituído por mel ou outro adoçante de sua preferência.

É importante escolher um chocolate vegano meio amargo de boa qualidade para garantir o sabor do cacau na preparação.

Mousse de chocolate crocante com amêndoas

Liliya Kandrashevich/Shutterstock

Ingredientes
- 300 g de chocolate vegano meio amargo
- ½ xícara de água fervente

- 6 colheres de sopa de melado de cana
- 1 xícara de abacate maduro amassado
- ¾ de xícara de amêndoa, sem pele, torrada e picada

Modo de preparo
Adicione o chocolate, bata em velocidade média e acrescente a água aos poucos. Aumente a velocidade e bata até derreter bem. Adicione o melado e o abacate e bata até misturar. Transfira para uma tigela e acrescente a amêndoa (reserve um pouco para decorar), misturando levemente. Disponha em taças, cubra com papel-filme e leve para a geladeira por 1 hora ou até firmar. Decore com a amêndoa.

Fonte: Cardoso, 2015, p. 38.

Os tacos recheados com mexido de grão-de-bico é o tipo de receita capaz de surpreender pela combinação de sabores. O sal negro é um ingrediente diferente, por isso trará um toque especial para a receita. Essa receita também pode ser fragmentada, e o mexido de grão-de-bico poderá ser o recheio de um delicioso *toast*.

Nesta preparação, o mexido de grão-de-bico apresenta um aspecto que se assemelha aos ovos mexidos, portanto, a receita também pode ser usada com essa finalidade.

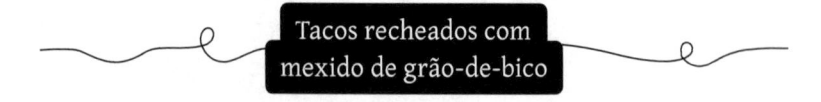

Tacos recheados com mexido de grão-de-bico

Ingredientes
Para o mexido de grão-de-bico:
- 1 xícara de farinha de grão-de-bico
- ½ colher de chá de sal negro

- ½ colher de chá de alho em pó
- ½ colher de chá de cebola em pó
- ¼ de colher de chá de páprica defumada
- ¼ de colher de chá de cúrcuma
- 2 xícaras de água
- 2 colheres de sopa de azeite

Para os tacos:
- 2 batatas-doces médias descascadas e picadas
- 1 pimentão vermelho picado
- ½ cebola roxa média picada
- 1 colher de chá de cominho em pó
- ½ colher de chá de páprica defumada
- 1 pitada de canela
- Sal e pimenta do reino a gosto
- Azeite para borrifar
- 6 a 8 tortilhas de milho
- ½ abacate sem caroço, sem casca, fatiado
- Coentro fresco a gosto
- Molho de pimenta, opcional

Modo de preparo
Forre uma assadeira com papel-manteiga. Reserve. Em uma tigela média, junte a farinha de grão-de-bico, o sal, o alho em pó, a cebola em pó, a páprica e a cúrcuma. Em uma panela média, ponha a água para ferver. Com o batedor de arame, adicione, aos poucos, a farinha de grão-de-bico, batendo até obter uma textura lisa e cremosa. Acrescente uma colher de sopa de azeite e continue batendo por 3 a 4 minutos, até a mistura parecer um mingau grosso. Despeje na assadeira. Cubra e deixe na geladeira por 1 hora para firmar. Preaqueça o forno a 200 °C. Forre a assadeira com papel-manteiga e disponha a batata-doce, o pimentão, a cebola e polvilhe o cominho, a páprica, a canela, o sal e a pimenta-do-reino. Borrife

azeite e asse por 25 minutos, mexendo, para assar por igual. Enquanto a batata-doce está no forno, faça o mexido de grão-de-bico. Corte a mistura de grão-de-bico gelado em 25 quadrados. Aqueça o azeite em uma frigideira grande. Coloque os quadrados de grão-de-bico e aperte com uma espátula. Cozinhe por 7 a 8 minutos, cuidando para não grudar. Se grudar, adicione um pouco de água e reduza o fogo. Quando os quadrados estiverem dourados, retire do fogo. Reduza o forno para 190 °C. Embrulhe as tortilhas em um pano de prato limpo e levemente úmido e ponha no micro-ondas por 30 segundos. Borrife os dois lados da tortilha com azeite, dobre sobre dois arames da grelha do forno, de modo a formar a concha de taco. Repita com as demais tortilhas e asse por 6 minutos. Tire do forno e deixe esfriar. Recheie cada concha de taco com a batata-doce, o mexido de grão-de-bico e o abacate. Se desejar, salpique coentro e molho de pimenta. Sirva.

Fonte: Turner, 2016, p. 132.

O mingau salgado foge do convencional e pode ser uma ótima opção para compor cardápios de dias frios. Uma dica é servi-lo com legumes salteados.

Mingau salgado de aveia e quinoa

Ingredientes

- ⅓ de xícara de quinoa cozida
- ⅓ de xícara de aveia em flocos grossos
- ⅓ de xícara de grão-de-bico cozido
- ½ xícara de leite vegetal
- ½ xícara de caldo de legumes ou água
- 2 colheres de sopa de levedura nutricional
- 2 colheres de sopa de pimentão vermelho assado
- 2 colheres de sopa de tomate seco picado
- 2 colheres de sopa de azeitonas picadas
- 1 colher de sopa de *shoyu*
- ½ colher de chá de manjericão seco
- ½ colher de chá de orégano seco
- Pimenta-do-reino a gosto
- Acompanhamentos opcionais: verduras, tomate-cereja picado, abacate picado, cebolinha picada

Modo de preparo

Coloque a quinoa em um vidro ou recipiente com tampa hermética. Junte a aveia, o grão-de-bico, o leite vegetal, o caldo de legumes, a levedura, o pimentão assado, o tomate seco, as azeitonas, o *shoyu*, o manjericão, o orégano e a pimenta-do-reino. Tampe e agite para misturar bem. Deixe na geladeira até a hora de servir, por 3 a 4 horas, pelo menos. Despeje o conteúdo do frasco em uma panela média e deixe cozinhar em fogo médio por 5 a 7 minutos, mexendo até engrossar. Junte os acompanhamentos de sua preferência. Sirva quente.

Fonte: Turner, 2016, p. 98.

Pensado para os dias quentes, o *smoothie* pode ser adicionado de frutas vermelhas, como mirtilos, framboesa, amora e cerejas. Além de ser uma bebida refrescante, essa preparação contém grande quantidade de compostos antioxidantes para fortalecer o sistema imunológico.

Smoothie red velvet de beterraba com glacê de castanha-de-caju

Ingredientes

Para o glacê de castanha-de-caju:
- ¼ de xícara de castanha-de-caju de molho em água por, pelo menos, uma hora
- 1 colher de chá de açúcar

Para o suco:
- ¾ de xícara de beterrabas cruas, picadas ou raladas
- 4 a 6 morangos
- 1 banana gelada, sem casca
- 1 xícara de leite vegetal gelado
- 2 tâmaras sem caroço
- 3 colheres de sopa de cacau em pó
- 1 colher de sopa de farinha de linhaça
- 1 colher de sopa de xarope de agave

Modo de preparo

Em um processador de alimentos, coloque as castanhas-de-caju, ¼ de xícara da água demolhada reservada e o açúcar. Bata até obter um creme liso. Leve à geladeira até o momento de usar. No liquidificador, junte os ingredientes do suco e bata até a mistura ficar homogênea, pausando para raspar as paredes quando necessário. Finalize com o glacê e sirva em seguida.

Fonte: Turner, 2016, p. 250.

As almôndegas de berinjela podem ser utilizadas para substituir as almôndegas convencionais, preparadas à base de carne. Dessa forma, além de compor o sanduíche, também poderão acompanhar uma boa macarronada.

Na preparação indicada a seguir, a fumaça líquida trará um toque defumado para as almôndegas, por isso sugerimos que esse ingrediente não seja substituído. O uso da farinha de grão-de-bico traz um maior teor proteico para o prato.

Sanduíche de almôndega de berinjela com molho apimentado

Ingredientes
Para as almôndegas:
- 3 xícaras de berinjela picada
- Azeite para borrifar
- 2 colheres de sopa de *shoyu*
- sal e pimenta-do-reino a gosto
- ½ xícara de amaranto
- ¾ de xícara de caldo de legumes
- 1 colher de chá de azeite
- ½ cebola picada em cubinhos
- 1 dente de alho picado
- 1 colher de sopa de levedura nutricional
- 2 colheres de chá de manjericão seco
- 1 colher de chá de orégano seco
- 1 colher de chá de fumaça líquida
- ¼ xícara de farinha de grão-de-bico
- 2 minibaguetes

Para o molho marinara apimentado:
- 1 lata de tomate pelado, cortado em cubinhos, com o líquido

- ¼ de xícara de caldo de legumes
- 1 colher de sopa de extrato de tomate
- 1 colher de chá de manjericão seco
- sal e pimenta-do-reino a gosto

Modo de preparo

Preaqueça o forno a 200 °C. Forre uma assadeira com papel-manteiga. Espalhe os cubinhos de berinjela na assadeira, borrife azeite e regue com *shoyu*. Salpique sal e pimenta e mexa bem. Asse por 20 minutos, mexendo para que o cozimento seja uniforme. Retire do forno e deixe esfriar por 5 minutos. Enquanto isso, coloque o amaranto e o caldo de legumes em uma panela pequena com tampa. Deixe ferver, reduza o fogo e deixe ferver até o líquido desaparecer, cerca de 10 a 15 minutos. Solte os grãos com um garfo e reserve. Enquanto a berinjela está no forno, aqueça o azeite em uma frigideira pequena por 1 minuto. Acrescente a cebola e o alho, frite até a cebola ficar transparente. Reserve. Em um processador, coloque a berinjela, a cebola, o alho, a levedura, o manjericão, o orégano e a fumaça líquida. Pulse algumas vezes para despedaçar e amolecer. Junte, à mistura de berinjela, a farinha de grão-de-bico e o amaranto cozido e misture bem. Use uma colher de sopa para moldar as almôndegas. Coloque as almôndegas em uma assadeira forrada com papel-manteiga. Asse por 25 a 30 minutos, até as almôndegas ficarem firmes e levemente douradas. Enquanto estão assando, prepare o molho marinara. Em uma panela de tamanho médio, misture o tomate, o caldo, o extrato de tomate e o manjericão. Deixe ferver e cozinhe por 10 a 15 minutos. Use um *mixer* para bater o molho por alguns minutos e desmanchar os pedaços de tomate. Corte a minibaguete no sentido do comprimento, sem separar as metades. Espalhe o molho marinara, acrescente três a quatro almôndegas e adicione mais um pouco de molho. Sirva em seguida.

Fonte: Turner, 2016, p. 248.

4.3 Confeitaria vegetariana

A confeitaria é um ramo da culinária especializado na produção e no desenvolvimento de produtos doces, como bolos, tortas, pudins, biscoitos etc. A prática da confeitaria está fortemente associada a técnicas tradicionais, desenvolvidas em regiões geográficas específicas, como as técnicas da confeitaria francesa, italiana, alemã, entre outras.

De modo geral, as bases da confeitaria envolvem o uso de manteiga, leite e ovos, o que pode ser um desafio para a dieta vegetariana e, principalmente, para o veganismo. Com o objetivo de suprir esse nicho, alguns produtos industrializados foram desenvolvidos como alternativa aos produtos de origem animal, apresentando textura e sabor semelhantes ao leite, à manteiga, ao creme de leite e ao leite condensado.

Além dos industrializados, os ingredientes vegetais também podem ser adaptados para fazer substituições nas receitas. Como é o caso da banana madura, que pode substituir o uso de ovos em algumas receitas, os leites vegetais caseiros e o creme culinário obtido por meio de castanhas demolhadas.

Outro exemplo é a aquafaba (cuja receita está no Capítulo 3), obtida por meio da água do cozimento das leguminosas, principalmente do grão-de-bico, a qual pode ser utilizada em algumas receitas como alternativa ao *chantilly*, tanto na finalização de bolos e tortas como na obtenção de uma textura mais aerada, para o caso de *mousses*.

A seguir, apresentaremos algumas receitas que foram pensadas e desenvolvidas para a confeitaria vegetariana. Essas preparações foram selecionadas para exemplificar algumas das possibilidades da culinária vegetariana. Observe que as receitas podem ser servidas em eventos, ocasiões especiais e até mesmo como preparações de uma cafeteria.

A primeira receita pode compor uma releitura do *brownie* com sorvete, ou apenas o *brownie* com uma calda de chocolate vegano meio amargo.

Nessa receita, a farinha de trigo poderá ser substituída por um *mix* de farinhas sem glúten para o público celíaco.

Brownie de chocolate com nozes e linhaça

Ingredientes
- 4 colheres de sopa de óleo
- ½ xícara de água
- ½ xícara de polpa de abacate amassada
- 1 maçã pequena, sem casca, sem sementes, picada
- 1 colher de sopa de essência de baunilha
- ½ xícara de cacau em pó
- 1 ½ xícara de açúcar demerara
- ½ xícara de farinha de trigo
- ½ xícara de farinha de trigo integral
- 1 colher de chá de bicarbonato de sódio
- 1 xícara de nozes e castanhas-do-pará, sem casca, picadas
- 1 colher de sopa de sementes de linhaça dourada

Modo de preparo
Preaqueça o forno a 180 °C. No liquidificador, bata o óleo com a água, a polpa do abacate, a maçã, a baunilha, o cacau e o açúcar. Transfira

para uma tigela e adicione os ingredientes restantes, misturando bem. Transfira para uma forma de fundo removível de, aproximadamente, 20 cm x 20 cm, untada com óleo e com o fundo forrado com papel-manteiga, também untado com óleo. Leve ao forno por 40 minutos ou até assar e firmar. Retire do forno e deixe esfriar sobre uma grade por 5 minutos e desenforme. Se desejar, sirva com sorvete.

Fonte: Cardoso, 2015, p. 85.

A trufa pode ser utilizada principalmente em eventos e ocasiões especiais, por trazer um toque de sofisticação ao cardápio. Para o preparo da trufa, o creme culinário de arroz pode ser substituído por um creme de aveia ou por outra versão comercial.

Trufa com recheio de amêndoas

Ingredientes
Para a trufa:
- 500 g de chocolate vegano meio amargo
- 1 caixa de creme de arroz para uso culinário

Para o recheio
- 1 xícara de amêndoas, sem casca e sem pele
- 8 tâmaras sem caroço
- ¼ de xícara de biomassa de banana verde
- 1 xícara de aveia em flocos finos
- ¼ de xícara de sementes de abóbora levemente trituradas
- 300 g de chocolate vegano meio amargo derretido e frio
- Cacau para polvilhar

Modo de preparo:
Comece pela trufa. Em uma panela, derreta o chocolate com o creme de arroz. Transfira para uma tigela e deixe esfriar. Quando esfriar, cubra com filme PVC e leve à geladeira até firmar. Enquanto isso, prepare o recheio. No processador, bata as amêndoas, as tâmaras, a biomassa, a aveia e as sementes. Misture bem e molde as bolinhas. Disponha sobre uma assadeira forrada com papel-manteiga e leve à geladeira por 30 minutos. Após, abra pequenas porções da massa de chocolate, coloque o recheio e enrole. Feche e reserve. Depois de todas as trufas prontas, banhe em chocolate derretido e coloque sobre o papel-manteiga para secar. Ao secar, polvilhe com cacau em pó e conserve em lugar fresco e seco.

Fonte: Cardoso, 2015, p. 95.

A *cheesecake* de coco e damasco possui um sabor levemente adocicado e pode ser servida em fatias ou nas versões mini, para eventos e reuniões corporativas. Caso prefira, os damascos secos podem ser substituídos por ameixas secas. Sugerimos que essa preparação seja montada em uma forma de fundo removível para apresentação final do prato.

Cheesecake de coco e damasco

Ingredientes

Para a base:
- 150 g de *cookies* de coco veganos moídos
- 4 colheres de sopa de óleo de coco
- 2 colheres de sopa de água

Para o recheio:
- 450 g de tofu firme, bem escorrido
- 1 vidro de leite de coco
- 1 xícara de açúcar demerara
- 2 colheres de sopa de farinha de trigo
- 2 colheres de sopa de amido de milho

Para a cobertura:
- 150 g de damascos secos
- ½ xícara de água
- 1 vidro de leite de coco
- 1 colher de amido de milho
- 4 colheres de sopa de açúcar demerara
- 1 xícara de coco ralado grosso

Modo de preparo

Para o preparo da base, em uma tigela, misture o biscoito moído com o óleo de coco até obter uma farofa. Junte a água e misture bem. Aperte essa massa na base de uma forma de fundo removível, com 18 cm de diâmetro, untada com óleo de coco. Reserve. Para preparar o recheio, no liquidificador, misture o tofu, o leite de coco, o açúcar, a farinha e o amido. Bata até ficar homogêneo. Distribua sobre a massa que está na forma. Leve ao forno preaquecido a 180 °C por 50 minutos ou até dourar.

Retire do forno e deixe esfriar. Cubra com filme PVC e leve à geladeira por 8 horas para firmar bem. Para o preparo da cobertura, deixe o damasco de molho por 1 hora. Bata, rapidamente, no liquidificador. Junte o leite de coco e o amido e bata mais. Transfira para uma panela e acrescente o açúcar. Cozinhe, mexendo até começar a engrossar. Junte o coco, mexa bem e retire do fogo. Após esfriar, distribua sobre a torta desenformada. Sirva gelado.

Fonte: Cardoso, 2015, p. 129.

A preparação a seguir é uma alternativa à *banoffe* convencional. O uso do ágar-ágar trará mais consistência para o recheio, por isso sugerimos que mantenha seu uso. A aquafaba obtida por meio da água do cozimento do grão-de-bico traz um creme com melhor estabilidade para a receita.

Banoffe vegana

Ingredientes

Para a massa:
- 4 xícaras de chá de aveia em flocos
- 4 colheres de sopa de açúcar demerara
- 80 ml de óleo vegetal
- 100 ml de água
- 1 pitada de sal

Para o recheio:
- 1 xícara de chá de castanha-de-caju
- 1 ½ xícara de chá de açúcar demerara
- 150 ml de água para preparar o caramelo
- 1 colher de chá de ágar-ágar

- 100 ml de água para hidratar o ágar-ágar
- 5 bananas nanicas maduras

Para a cobertura:
- 1 xícara de chá de aquafaba
- 1 xícara de chá de açúcar
- 1 colher de chá de essência de baunilha
- Canela a gosto

Modo de preparo:
Para preparar a massa, em um liquidificador, coloque os flocos de aveia até ficar uma farinha fina. Transfira para uma tigela e adicione o restante dos ingredientes da massa e misture até ficar homogênea. Abra essa massa em uma forma de fundo removível e leve para assar por 15 minutos a 180 °C. Para preparar o recheio, em uma vasilha, coloque as castanhas, cubra com água e deixe de molho por 15 minutos. Em uma panela, coloque o açúcar, 150 ml de água e cozinhe até virar caramelo. Em outra panela, hidrate o ágar-ágar em 100 ml de água fria, mexa para dissolver e leve ao fogo baixo até adquirir uma consistência gelatinosa. No liquidificador, coloque o caramelo, as castanhas, o ágar-ágar e bata até ficar um creme homogêneo. Despeje esse creme sobre a massa já assada e leve para gelar. Para preparar a cobertura, em uma batedeira, coloque a aquafaba e bata até o ponto de neve. Acrescente o açúcar, a baunilha e bata até ficar homogêneo. Coloque as bananas fatiadas sobre o creme de castanha e, por último, cubra com o merengue. Finalize com canela em pó.

Fonte: Receiteria, 2024.

O bolo trufado apresentado a seguir pode compor uma mesa de bolos e tortas ou pode ser servido como bolo de aniversário. Caso prefira, pode ser utilizado chocolate amargo para o preparo da *ganache*. Além da *ganache*, o bolo pode ser recheado com frutas vermelhas, morangos, pistache ou uvas verdes.

Bolo trufado de chocolate

Ingredientes

Para a massa:
- 210 ml leite coco
- 10 ml de vinagre
- 200 g de açúcar
- 40 g de cacau
- 100 g de chocolate
- 1 pitada de sal
- 10 g de fermento químico
- 275 g de farinha de trigo

Para a *ganache*:
- 200 g de chocolate 50%
- 300 ml de leite de coco
- 20 g óleo de coco

Modo de preparo:
Para preparar a massa, no liquidificador, acrescente o leite de coco e o vinagre, aguarde 5 minutos. Em seguida, acrescente o óleo, o açúcar, o sal e o chocolate, previamente derretido, e bata até obter uma mistura homogênea. Em um recipiente, peneire o cacau e a farinha de trigo, incorpore a mistura do liquidificador e mexa suavemente até misturar completamente. Unte uma forma de 20 cm, adicione a massa e leve para assar por 30 minutos a 180 °C. Para preparar a *ganache*, derreta o chocolate em banho-maria. Em um processador, acrescente o chocolate derretido com o leite de coco e o óleo de coco. Bata até ficar homogêneo. Reserve e deixe descansar por, pelo menos, 8 horas. Decore o bolo com a *ganache*. Sirva.

Fonte: Soares, 2018, p. 6.

4.4 Eventos

Certamente, quando falamos em *organização de eventos*, um dos itens mais importantes é a definição das preparações que irão compor o cardápio. Além de compreender qual é a proposta do evento, saber qual o local e o horário em que será realizado e considerar a sazonalidade, também é preciso conhecer o público que será atendido.

Com a popularização do vegetarianismo, não apenas é comum a oferta de opções vegetarianas em recepções, eventos e restaurantes, como também encontramos cardápios compostos por preparações vegetarianas e/ou veganas em sua totalidade. Além disso, muitas vezes, receitas que não contêm ovos e leite na composição também são uma alternativa para indivíduos com intolerâncias e/ou alergias alimentares.

Como essas situações serão parte de sua prática profissional, apresentaremos algumas receitas que podem ser ofertadas em eventos como entrada, acompanhamento e/ou prato principal.

O salpicão é uma receita amplamente utilizada em ocasiões especiais, razão por que trazemos uma alternativa para o salpicão convencional. Assim como a receita original, essa preparação poderá sofrer algumas alterações de acordo com as preferências. Para adicionar um sabor agridoce, as frutas podem ser adicionadas ou substituídas. Como principais sugestões temos o abacaxi e a maçã, além das uvas passas que já estão presentes na receita.

Salpicão de grão-de-bico

Ingredientes

Para o salpicão:
- 2 xícaras de grão-de-bico (deixado de molho por 12 horas)
- 1 folha de louro
- 1 cenoura ralada
- 1 lata de milho em conserva
- 1 lata de ervilha em conserva
- 4 colheres de sopa de uvas-passas
- ½ cebola roxa cortada em cubos pequenos
- 1 xícara de vagem picada
- 1 xícara de azeitona verde fatiada
- 3 colheres de salsinha picada
- Batata-palha (opcional)

Para a maionese:
- Água da conserva da ervilha
- 1 colher de sopa de mostarda amarela
- 2 dentes de alho
- ½ limão espremido
- Óleo ou azeite para dar o ponto
- Sal a gosto

Modo de preparo:
Para o preparo do salpicão, cozinhe o grão-de-bico na panela de pressão com a folha de louro, o sal e um fio de óleo vegetal por, aproximadamente, 25 minutos ou até que esteja macio. Escorra a água e deixe esfriar. Refogue a vagem com um pouco de azeite por 5 minutos ou até que esteja macia. Em uma vasilha, coloque todos os ingredientes e misture bem. Reserve.
Para o preparo da maionese, bata todos os ingredientes (exceto o óleo) no liquidificador por 1 minuto, formando um líquido espesso. Diminua a velocidade do liquidificador e adicione o óleo aos poucos, deixando cair um fio de óleo enquanto bate. Aumente a velocidade conforme for engrossando. Por fim, misture com os demais ingredientes do salpicão. Sirva frio.

Fonte: Botelho; Salles, 2024, p. 10-11.

A massa a seguir pode ser utilizada como prato principal em um almoço ou jantar. Para que a preparação fique ainda melhor, invista em uma boa massa fresca. A presença da levedura nutricional trará o toque extra para a preparação.

Fettuccine Alfredo com molho de cogumelos

Ingredientes
- 1 bloco de tofu extrafirme
- 1 ½ xícara de leite vegetal
- ¼ de xícara de vinho branco
- ¼ de xícara de levedura nutricional
- 1 colher de sopa de azeite
- 2 colheres de chá de alho em pó
- 2 colheres de chá de cebola em pó
- ¼ de colher de chá de noz-moscada
- 2 colheres de sopa de amido de milho
- 450 g de *fettuccine*
- 225 g de cogumelos paris fatiados
- sal e pimenta-do-reino a gosto

Modo de preparo

Para fazer o molho Alfredo, coloque, no liquidificador, o tofu, o leite vegetal, o vinho, a levedura, o azeite, o alho e a cebola em pó e o amido. Bata até obter um creme denso e liso. Reserve. Ferva a água em uma panela grande. Junte sal e, em seguida, o macarrão. Cozinhe até ficar *al dente*. Escorra e reserve. Enquanto a massa cozinha, refogue os cogumelos em uma frigideira grande, em fogo médio, mexendo de vez em quando até reduzirem o tamanho. Junte ao molho e acerte o sal. Regue a massa com o molho e sirva.

Fonte: Turner, 2016, p. 82.

O assado apresentado a seguir poderá ser servido como prato principal de um jantar ou evento. O assado de grão-de-bico fornece um bom aporte proteico, além de criar uma combinação única de sabores.

Assado de grão-de-bico

Ingredientes

Para a massa:
- 2 xícaras de grão-de-bico cozido
- 3 dentes de alho ralados
- 1 colher de sopa de amido de milho
- 1 cebola ralada
- 2 colheres de sopa de missô branco
- 1 colher de sopa de gergelim
- 1 fio de óleo vegetal
- 4 colheres de sopa de levedura nutricional
- Sal a gosto

Para a marinada:
- ½ xícara de molho inglês (verifique, na lista de ingredientes, se há produtos de origem animal)
- ½ xícara de *shoyu*
- 1 colher de sopa de molho de tomate

- 2 colheres de sopa de azeite
- ½ xícara de laranja
- 1 colher de chá de páprica defumada
- Sal a gosto

Modo de preparo

Para preparar a marinada, misture todos os ingredientes e reserve. Para a massa, preaqueça o forno a 180 °C. No processador, bata todos os ingredientes (exceto o sal) até formar uma massa única. Molde com as mãos da forma que preferir e acerte o sal. Unte uma assadeira com óleo vegetal e coloque a massa. Coloque a marinada por cima e asse por, aproximadamente, 20 ou 30 minutos.

Fonte: Botelho; Salles, 2024, p. 15-16.

O *seitan* é uma preparação versátil que pode ser utilizada de diversas formas na culinária vegetariana. Nesta versão, apresentamos um assado recheado que pode ser servido como prato principal para um almoço ou jantar especial. O recheio pode ser substituído por legumes ou tofu. Se preferir utilizar legumes, certifique-se de refogá-los previamente para evitar o acúmulo de líquido no interior do *seitan*.

Assado de *seitan* e cogumelos com recheio de arroz selvagem

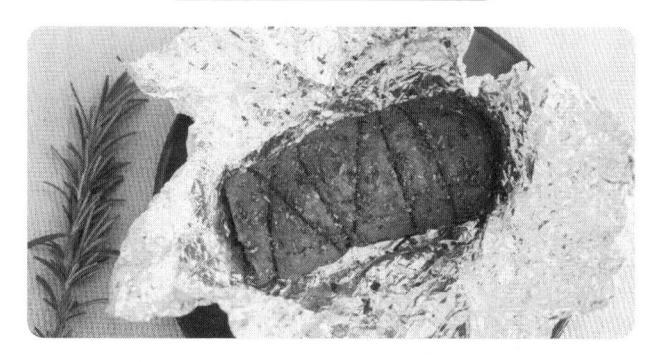

Ingredientes

Para o recheio:
- 3 xícaras de água
- 1 xícara de arroz selvagem lavado
- 1 colher de sopa de manteiga vegana
- 1 cebola média em cubinhos
- 1 ou 2 dentes de alho picados
- 2 xícaras de abóbora-menina cortada em cubos
- 1 xícara de cenoura cortada em cubos
- ½ xícara de salsão cortado em cubos
- 1 colher de sopa de alecrim fresco picado
- 1 colher de sopa de folhas de tomilho fresco
- 1 colher de sopa de sálvia fresca picada
- 3 colheres de sopa de levedura nutricional
- ¾ de xícara de *cranberries* desidratadas
- ⅔ de xícara de nozes-pecãs picadas

Para o *seitan*:
- 2 ¼ xícaras de farinha de glúten
- ⅔ de xícara de farinha de grão-de-bico
- ½ xícara de levedura nutricional

- 2 colheres de sopa de cebola em pó
- 1 colher de chá de tomilho seco
- 1 colher de chá de sálvia seca
- 1 colher de chá de cominho em pó
- ½ colher de chá de sal
- ¼ de colher de chá de pimenta-do-reino
- 2 dentes de alho picados
- 2 xícaras de cogumelo paris fatiado
- 1 ⅔ de xícara de caldo de legumes
- 3 colheres de sopa de molho *shoyu*
- 1 colher de sopa de azeite
- 1 colher de chá de fumaça líquida
- azeite para borrifar

Modo de preparo

Para preparar o recheio, ponha a água e o arroz selvagem em uma panela média e deixe ferver. Reduza o fogo, tampe e cozinhe por volta de 45 minutos. Derreta a manteiga vegana em uma frigideira grande, em fogo médio. Acrescente a cebola e o alho e salteie até a cebola começar a ficar transparente. Junte a abóbora-menina, a cenoura, o salsão, o alecrim, o tomilho e a sálvia. Salteie por 8 a 10 minutos, até que estejam macias. Reserve. Escorra o arroz cozido e acrescente os legumes. Misture a levedura e, em seguida, os *cranberries* e as nozes-pecãs. Reserve. Para o preparo do *seitan*, preaqueça o forno a 175 °C. Em uma assadeira, abra dois pedaços de papel-alumínio, cada um com cerca de 40 a 46 cm de comprimento, de modo que um se sobreponha ao outro. Borrife com azeite. Em uma vasilha grande, com o batedor de arame, misture a farinha de glúten, a farinha de grão-de-bico, a levedura, a cebola em pó, o tomilho, a sálvia, o cominho, o sal e a pimenta. Com o auxílio de um processador, pulse os dentes de alho e acrescente os cogumelos, pulse novamente até que os pedaços de cogumelo tenham cerca de 0,5 cm. Transfira os cogumelos e o alho para uma vasilha maior e acrescente o caldo, o molho de soja, o azeite e a fumaça líquida. Misture bem. Despeje a mistura do caldo na mistura de glúten, misture bem. Quando não conseguir mais mexer, use os dedos para trabalhar a massa até obter uma bola. Transfira a bola de *seitan* para a folha de alumínio preparada e, com as mãos, amasse e estique a massa para formar um retângulo de, mais ou menos, 23 × 33 cm. Espalhe duas xícaras de recheio no meio do retângulo. Dobre um dos lados sobre o recheio, apertando bem com os dedos. Continue a enrolar e a apertar e feche com uma emenda firme em toda a largura do rolo. Feche também as extremidades. Use um pincel para pincelar sobre o rolo o que sobrou do caldo. Dobre os lados do papel-alumínio sobre o rolo, de modo que fique firmemente fechado e selado. Transfira para a assadeira e asse por 60 a 70 minutos, virando o rolo três ou quatro vezes para garantir o cozimento por igual. Levante o papel-alumínio e, com um garfo, verifique a textura. Se estiver firme, está pronto. Tire do forno e deixe descansar no alumínio por uns 10 minutos antes de desembrulhar. Fatie em pedaços de 1 cm e sirva.

Fonte: Turner, 2016, p. 264.

A preparação a seguir é uma ótima opção de acompanhamento para um almoço ou jantar especial. O molho pesto pode ser substituído por um pesto de rúcula ou até mesmo por um molho ao sugo encorpado.

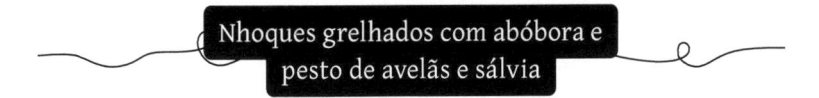

Nhoques grelhados com abóbora e pesto de avelãs e sálvia

Ingredientes

Para o pesto:
- ⅓ de xícara de avelãs
- 2 ou 3 dentes de alho

- 2 colheres de sopa de levedura nutricional
- 1 colher de sopa de suco de limão siciliano
- 2 xícaras de manjericão fresco
- ½ xícara de sálvia fresca
- 2 colheres de sopa de azeite
- 2 colheres de sopa de caldo de legumes
- sal e pimenta-do-reino a gosto

Para o nhoque e a abóbora:
- 4 xícaras de abóbora-menina cortada em cubos
- azeite para borrifar
- 1 colher de chá de tomilho seco
- ½ colher de chá de canela em pó
- ¼ de colher de chá de noz-moscada
- sal e pimenta-do-reino a gosto
- 2 colheres de sopa de azeite
- 445 g de nhoque pré-pronto
- parmesão vegano e nozes-pecãs para polvilhar

Modo de preparo

Junte as avelãs e o alho em um processador de alimentos e pulse para quebrar. Acrescente a levedura, o suco de limão, o manjericão e a sálvia, bata até obter uma pasta. Adicione o azeite e o caldo e processe. Acrescente o sal e a pimenta e reserve na geladeira. Preaqueça o forno a 200 °C. Forre uma assadeira com papel-manteiga. Espalhe a abóbora sobre a assadeira e borrife o azeite, salpique o tomilho, a canela, a noz-moscada, o sal e a pimenta. Asse por 20 minutos, mexendo para assar por igual. Quando estiver macia, retire do forno. Aqueça duas colheres de sopa de azeite em uma frigideira. Acrescente os nhoques e grelhe, virando de vez em quando para dourarem por igual. Retire do fogo. Acrescente a abóbora cozida e o pesto e misture delicadamente para envolver tudo. Finalize com o parmesão e as nozes-pecãs. Sirva quente.

Fonte: Turner, 2016, p. 261.

A *quiche* de aspargos pode ser utilizada como uma alternativa à *quiche* convencional. Uma dica é servir esse prato acompanhado de uma salada de folhas verdes.

Quiche de aspargos

Anna Shepulova/Shutterstock

Ingredientes
- Azeite para borrifar
- 1 folha de massa filo vegana
- ½ maço de aspargos (8 a 10 talos)
- 1 colher de chá de azeite
- 1 alho-poró (somente a parte branca), cortado ao meio no sentido do comprimento e fatiado
- 2 colheres de chá de tomilho fresco
- ½ xícara de tomates secos fatiados
- ½ bloco de tofu extrafirme

- 1 xícara de leite vegetal
- ¾ de xícara de farinha de grão-de-bico
- ¼ de xícara de levedura nutricional
- 1 colher de suco de limão fresco
- 1 colher de chá de sal
- 1 colher de chá de alho em pó
- ¾ de colher de chá de mostarda em pó
- ½ colher de chá de cebola em pó
- ¼ de colher de chá de cúrcuma
- ¼ de colher de chá de pimenta-do-reino

Modo de preparo
Preaqueça o forno a 200 °C. Borrife, levemente, uma forma com fundo removível com azeite. Estique a massa de forma que ela cubra o fundo e as laterais da forma escolhida. Corte os aspargos ao meio e separe as metades superiores. Pique as metades inferiores em pedaços de 2,5 cm. Aqueça o azeite em uma frigideira grande. Acrescente o alho-poró e refogue por 2 minutos. Junte os aspargos e o tomilho e cozinhe até ficarem bem macios, por, aproximadamente, 5 minutos. Acrescente os tomates secos e retire do fogo. Transfira para uma vasilha grande. Pressione o tofu suavemente para retirar o excesso de água. Coloque-o em um processador de alimentos juntamente com o leite vegetal, a farinha de grão-de-bico, o suco de limão, o sal, o alho em pó, a mostarda em pó, a cebola em pó, a cúrcuma e a pimenta. Processe até obter uma massa lisa. Despeje essa mistura na vasilha dos aspargos cozidos e misture bem. Transfira para a massa previamente preparada. Espalhe uniformemente. Asse por 25 a 30 minutos, até que a *quiche* doure. Retire do forno e deixe esfriar por 10 minutos. Retire a *quiche* da forma e fatie.

Fonte: Turner, 2016, p. 242.

O *carpaccio* de cogumelos pode ser servido como antepasto, acompanhado de biscoitos ou torradas. O preparo da receita pode ser acrescido de um *mix* de cogumelos, ou cogumelos e legumes, conforme a preferência.

Carpaccio de cogumelos *portobello*

Ingredientes
- 3 colheres de suco de limão siciliano, separadas
- 3 colheres de azeite, separadas
- ½ colher de sopa de vinagre de vinho tinto
- ½ colher de sopa de *shoyu*
- ½ colher de chá de orégano seco
- ½ colher de chá de manjericão seco
- ½ colher de chá de fumaça líquida
- 4 cogumelos *portobello* grandes, sem os talos
- 3 colheres de sopa de pimentão vermelho assado, cortado em cubinhos
- 1 colher de sopa de alcaparras
- 1 ½ xícara de *mix* de folhas tenras ou brotos
- Pão para servir

Modo de preparo
Preaqueça o forno a 200 °C. Forre uma assadeira com papel-manteiga. Em uma vasilha pequena, misture suma colher de sopa de suco de limão, uma colher de azeite, o vinagre, o *shoyu*, o orégano, o manjericão e a fumaça líquida. Pincele o molho nos dois lados de cada cogumelo na assadeira, o lado oco para cima, e deixe descansar por 10 minutos. Reserve o molho. Após, leve a assadeira ao forno e asse por 40 minutos. Vire os cogumelos, pincele o restante do molho e asse por mais 4 minutos. Retire do forno e deixe esfriar por cerca de 10 minutos. Corte os cogumelos na diagonal

em fatias bem finas. Disponha as fatias sobrepostas e enfileiradas em uma travessa. Salpique o pimentão em cubinhos e as alcaparras sobre os cogumelos e decore com o *mix* de folhas. Regue com duas colheres de azeite e duas colheres de suco de limão. Sirva, em seguida, com o pão.

Fonte: Turner, 2016, p. 229.

As *bruschettas* são uma ótima opção de entrada para jantares ou eventos, além de perfeitas para serem servidas como *finger food*. Apesar dos ingredientes principais apresentarem um sabor suave, os condimentos darão o toque especial dessa preparação.

Bruschetta grega com *tapenade* de palmito e feta de tofu

Candice Bell/Shutterstock

Ingredientes
Para o feta de tofu:
- ⅓ de xícara de suco de limão siciliano
- 2 colheres de sopa de vinagre de arroz
- 2 colheres de sopa de água

- 2 colheres de sopa de missô branco
- 1 colher de chá de manjericão
- ½ colher de chá de orégano seco
- 200 g de tofu extrafirme

Para a *bruschetta*:
- 20 azeitonas pretas sem caroço
- 20 azeitonas verdes sem caroço
- 4 a 5 palmitos em conserva
- 3 colheres de sopa de alcaparras
- 3 colheres de sopa de limão siciliano
- 3 a 4 colheres de salsinha picada
- sal a gosto
- 1 baguete de fermentação natural, cortada em fatias diagonais

Modo de preparo

Para preparar o feta de tofu, junte o suco de limão, o vinagre, a água, o missô, o manjericão e o orégano em uma assadeira rasa. Acrescente o tofu e misture bem. Cubra e deixe na geladeira por, no mínimo, 3 a 4 horas. Para o preparo da *bruschetta*, junte as azeitonas pretas e as verdes, o palmito, a alcaparra, o suco de limão, a salsinha e o sal em um processador e bata até que todos os ingredientes estejam do mesmo tamanho. Leve à geladeira em recipiente fechado. Adicione uma ou duas colheres de *tapenade* sobre as fatias de pão e espalhe por cima o feta de tofu. Sirva em seguida.

Fonte: Turner, 2016, p. 225.

> **Para saber mais**
> A alimentação funcional é um vasto campo da nutrição, rico em conhecimento e em constante atualização. Para aprofundar os conhecimentos sobre essa temática, indicamos a obra a seguir, composta por 33 capítulos, escritos por diferentes pesquisadores e divididos em três partes: 1) Compostos bioativos com propriedades funcionais; 2) Alimentos com propriedades funcionais; e 3) Alimentos funcionais e redução do risco de doenças.
> COSTA, N. M. B.; ROSA, C. O. B. (Org.). **Alimentos funcionais:** componentes bioativos e efeitos fisiológicos. 2. ed. Rio de Janeiro: Rubio, 2016.

Síntese

Neste capítulo, mostramos que a gastronomia funcional vegetariana combina os princípios de uma alimentação saudável investindo nas técnicas de preparo e aliando saúde e sabor.

Indicamos algumas receitas de preparações doces e salgadas que podem ser servidas tanto em reuniões íntimas quanto em eventos e ocasiões especiais. O principal objetivo foi demonstrar que as preparações vegetarianas podem fugir da monotonia e proporcionar uma experiência completa em cores, texturas e possibilidades.

Ao abordarmos sobre a confeitaria vegetariana, apresentamos algumas releituras para receitas tradicionais, como a *banoffe* e o *brownie*.

Por fim, apresentamos algumas possibilidades de empreendedorismo na área da gastronomia vegetariana e outras associadas ao vestuário e a produtos de higiene e beleza.

Questões para revisão

1. Considerando os conceitos apresentados, indique o principal objetivo da gastronomia funcional vegetariana.

2. Considerando as receitas apresentadas neste capítulo, indique receitas que podem ser utilizadas como uma entrada para um almoço ou jantar.

3. Tendo em vista as especificidades de cada período da vida, considere as crianças em idade escolar e assinale uma alternativa **não** apropriada para o lanche escolar:
   a) Barrinha de cereal.
   b) Bolo no pote.
   c) Miniquiche vegana de alho-poró.
   d) *Sorbet* vegano de manga.
   e) Biscoito recheado com avelã.

4. Tendo em vista a gastronomia funcional, analise os ingredientes apresentados e assinale a alternativa que apresenta apenas alimentos funcionais:
   a) Farinha de trigo, azeite de oliva, ricota e ovos.
   b) Azeite de oliva, chocolate amargo, batata e beterraba.
   c) Açúcar refinado, soja, linhaça e vinho tinto.
   d) Linhaça, mirtilo, chá-verde e azeite de oliva.
   e) Amido de milho, agave, farinha de grão de bico e leite em pó.

5. O empreendedorismo é o processo de transformação de ideias em oportunidade de negócios. Observe as alternativas e assinale a que não se enquadra no empreendedorismo em gastronomia vegetariana:
   a) Confeitaria sem glúten e sem lactose.
   b) *Delivery* de comida japonesa vegana.
   c) Quiosque de sucos naturais.
   d) Sorvetes a base de leites vegetais.
   e) Pizzaria especializada em queijos vegetais.

Questões para reflexão

1. Considere que você está responsável pela elaboração de um cardápio para um evento que atenderá um público composto por vegetarianos e não vegetarianos. Para otimizar seus recursos, você precisa pensar em preparações que possam atender os dois públicos apenas com pequenas modificações. Você acha que será possível? Apresente duas preparações com suas respectivas alterações.
2. Observe os estabelecimentos vegetarianos e/ou veganos da sua cidade e identifique quais são os principais tipos de serviços prestados (saúde e beleza, alimentação, vestuário). Após compreender o perfil dos estabelecimentos que existem em sua região, proponha um novo nicho de atuação. Com base na sua proposta, pense em um novo tipo de empreendimento que possa satisfazer às necessidades do público vegetariano e/ou vegano. A sua proposta deve conter as seguintes informações: produto (alimento, vestuário, produtos de beleza, suplementos alimentares), público-alvo (crianças, jovens, adultos, gestantes, atletas) e forma de apresentação (*in natura*, processados, congelados).

Capítulo 5

Práticas para a gastronomia sustentável

Natália Ferreira de Paula

Conteúdos do capítulo
- Sustentabilidade na gastronomia.
- Importância da sazonalidade.
- Diferenças entre alimentos convencionais, transgênicos e ecológicos.

Após o estudo deste capítulo, você será capaz de:
1. compreender conceitos sobre sustentabilidade na gastronomia;
2. escolher práticas com baixo impacto ambiental;
3. promover gestão ambiental em serviços de alimentação.

5.1 Prática de gestão ambiental

Para abordarmos a gastronomia sustentável, iniciaremos citando a gestão ambiental, tema de destaque nos últimos anos em razão do aquecimento do planeta, uma preocupação global que tem levado todos os setores da economia a adotar estratégias para a redução dos impactos ambientais causados por sua atividade. A prática de gestão ambiental, segundo Silva et al. (2021, p. 2), "contempla uma série de procedimentos e medidas adequadamente definidos e aplicados com vistas a [sic] redução e [sic] controle dos impactos gerados por um empreendimento sobre o meio ambiente".

A prática de uma gestão ambiental, portanto, busca minimizar os impactos sobre o meio ambiente e, como consequência, melhorar a competitividade e o desempenho financeiro das empresas. Essa prática, mais recentemente, tem proporcionado também a melhora da imagem dos estabelecimentos perante os clientes com consciência ambiental, difundindo, assim, sensibilidade e responsabilidade a respeito da temática, o que tem sido denominado *marketing verde* (Llach et al., 2013).

Nesse novo contexto, a Associação Brasileira de Normas Técnicas (ABNT) adotou a ISO 14.001:2015, uma norma internacional que estabelece diretrizes para sistemas de gestão ambiental em empresas e organizações, cujo objetivo principal é ajudar as empresas a gerenciar seus impactos ambientais e prover a sustentabilidade em suas operações.

Além da ISO 14.001: 2015, outros selos estão sendo criados para certificar empresas comprometidas com a sustentabilidade. No caso de serviços de alimentação, alguns exemplos são os selos Eco Gourmet, Ecotest, Green Kitchen, Restaurante Sustentável, Green Restaurant Association, os quais consideram, em suas avaliações, uso de recursos de água, controle e manejo de resíduos, materiais de construção utilizados, tipos de alimentos e seu desperdício, uso de recursos de energia, uso de descartáveis, controle do uso de produtos químicos, emissão de carbono, tipo de fornecedores, pessoal e responsabilidade social (Strasburg; Jahno, 2017).

No âmbito da gastronomia, temos ainda o conceito de *cuisine santé*, uma expressão francesa traduzida como "cozinha saudável", em português. Essa é uma abordagem culinária que se concentra em criar pratos e refeições benéficos para a saúde, que promovam o bem-estar e tenham baixo impacto para o meio ambiente. Essa abordagem valoriza o uso de ingredientes frescos, naturais e nutritivos, bem como técnicas de preparação que preservem o valor nutricional dos alimentos.

Na *cuisine santé*, os *chefs* e cozinheiros procuram equilibrar sabores, texturas e apresentação dos pratos enquanto priorizam ingredientes que ofereçam benefícios para a saúde, como frutas, vegetais, grãos integrais, proteínas magras, ervas e especiarias. A ideia é criar refeições deliciosas que também contribuam para uma alimentação equilibrada e saudável.

Essa abordagem culinária está alinhada com a crescente conscientização sobre a importância da nutrição e da alimentação saudável na promoção da saúde e na prevenção de doenças. Muitos restaurantes, *chefs* e entusiastas da culinária estão adotando a *cuisine santé* como uma maneira de oferecer opções saudáveis e saborosas aos clientes e de promover um estilo de vida mais saudável.

A seguir, abordaremos temas e estratégias relevantes para implementarmos e executarmos a gestão ambiental eficiente, promovendo a gastronomia sustentável.

5.2 Características de uma dieta sustentável

A Organização das Nações Unidas para a Alimentação e a Agricultura (FAO), em um simpósio internacional sobre o tema, definiu as dietas sustentáveis da seguinte forma:

> São aquelas com baixo impacto ambiental que contribuem para a segurança alimentar e nutricional e para uma vida saudável das gerações futuras. As dietas sustentáveis são protetivas e respeitadoras da biodiversidade e dos ecossistemas, culturalmente aceitáveis,

economicamente acessíveis e justas, nutricionalmente adequadas, seguras e saudáveis, enquanto otimizam recursos naturais e humanos. (Burlingame, 2012, p. 7, tradução nossa)

Embora existam populações assolada pela fome e outras com difícil acesso aos alimentos, sabemos que a alimentação é essencial para a sobrevivência. Em condições adequadas, a média de refeições é de três ao dia, portanto, as escolhas impactam positiva ou negativamente o sistema alimentar.

A pesquisadora Rozane Triches (2020, p. 891), após uma consistente revisão bibliográfica sobre o tema, explica que:

> As dietas mais sustentáveis conteriam elevada proporção de plantas e baixa proporção de animais e seriam extremamente heterogêneas. Tudo isso é precisamente o que os nutricionistas modernos defendem: alto teor de fibras e micronutrientes; a maior parte da energia de carboidratos; proteína modesta; baixa gordura saturada; uma variedade de gorduras insaturadas. Do ponto de vista cultural, as grandes cozinhas do mundo são ricas em cereais – cereais, leguminosas, tubérculos –, fazem o uso do máximo de frutas e legumes disponíveis, são poupadores no uso de carne, usada como guarnição, principalmente em festas; e são tão diversas quanto possam ser concebidas.

As dietas vegetarianas são mais sustentáveis por unidade de peso, por unidade de energia ou por peso de proteína do que as dietas com alimentos de origem animal, em vários indicadores ambientais (Willett et al., 2019).

As conclusões desses estudos ficam evidentes quando consideramos, por exemplo, que a pecuária exerce uma enorme pressão sobre todos os ecossistemas do planeta com o desmatamento, a extinção de espécies e o desperdício de recursos naturais que poderiam ser usados de forma mais eficiente. Não surpreende que o consumo de carne (tanto de animais terrestres como aquáticos) seja considerado um dos principais motores da sexta extinção em massa de espécies no planeta (Slywitch, 2012).

> **Preste atenção!**
> - São usadas dez vezes mais calorias para alimentar animais de produção do que aquelas disponíveis em sua carne (Slywitch, 2022).
> - A pecuária usa mais de 80% das terras cultiváveis do planeta, embora os alimentos de origem animal forneçam apenas 18% das calorias consumidas globalmente (Slywitch, 2022).
> - 33,2% do CO_2 gerado no Brasil em 2016 foi da agropecuária, sendo parte desse montante (18,5%) oriundo da bovinocultura (Brasil, 2021).

Assim, ao planejarmos cardápios baseados em dietas sustentáveis, contemplando preparações vegetarianas, poderemos contribuir significativamente para a redução do impacto ambiental, para a promoção de *marketing* verde e para a implementação da gastronomia sustentável.

5.3 Sazonalidade

Na atualidade, encontrarmos uma imensa variedade de frutas, hortaliças, legumes e outros tipos de alimentos com certa facilidade, principalmente em supermercados, durante o ano todo. Um dos motivos dessa facilidade, no entanto, é resultado de intervenções no desenvolvimento natural desses produtos, como uso de fertilizantes químicos para produção fora da safra natural de cada uma dessas variedades, ou seja, de sua sazonalidade.

A sazonalidade de alimentos refere-se à flutuação periódica dos padrões de disponibilidade e de produção de alimentos ao longo das estações do ano. Essa variação está relacionada a condições climáticas, ciclos naturais de crescimento das plantas e reprodução dos animais, bem como às práticas agrícolas e de pesca. A sazonalidade de alimentos influencia diretamente o que está disponível para consumo em diferentes épocas do ano, influenciando nas escolhas dietéticas e na diversidade alimentar das populações (Garnett et al., 2013).

Quando colhido conforme sua época de safra natural, quando a natureza produz o alimento sem intervenção química, os alimentos contêm os nutrientes necessários para o consumo humano de acordo com a estação que são colhidos, ou seja, na sua época. Por exemplo, as frutas características do verão são ricas em água, época em que é necessário atentar para a hidratação; a época das frutas cítricas, ricas em vitamina C, é o inverno, quando o organismo demanda um reforço da imunidade em razão de gripes e resfriados (Sustentarea, 2019).

É cada vez maior, no entanto, a disponibilidade de alimentos em todas as épocas do ano, como podemos observar nos supermercados, nas feiras e nos cardápios dos restaurantes. Esse movimento está associado aos processos de globalização e da revolução verde. É importante, contudo, analisarmos criticamente os impactos provocados por esses processos.

De um lado, a globalização proporcionou o livre comércio de produtos alimentícios pelas fronteiras mundiais e, de outro, as técnicas agrícolas convencionais pautadas na monocultura, no uso de fertilizantes e agrotóxicos produzem alimentos independentemente de condições climáticas favoráveis (Altieri, 2012; Paula, 2017).

Estudando como ocorre o consumo de alimentos nos últimos tempos, Gracia Arnaiz (2005) chama a atenção para a industrialização do setor agroalimentar, que provocou o que a autora chama de *hiper-homogeneização alimentar*, em que os gostos dos consumidores são induzidos a uma lista limitada de alimentos e sabores, o que pode influenciar diretamente na cultura alimentar, já que os alimentos padronizados reduzem a produção de alimentos da biodiversidade local.

De acordo com Altieri (2012), de um total de 1,5 bilhão de hectares de terras cultiváveis no mundo, 91% estão, principalmente, sob monoculturas de trigo, arroz, milho, algodão e soja. Essa homogeneização genética causa não apenas a perda da biodiversidade, mas também o aumento da vulnerabilidade dos cultivos a pragas e doenças que podem devastar culturas uniformes. Ocorre que "para proteger essas culturas, grandes quantidades de agrotóxicos cada vez menos eficazes e seletivos são jogadas na biosfera acarretando custos ambientais e humanos consideráveis" (Altieri, 2012, p. 26).

Além disso, a produção de alimentos fora de época, frequentemente envolve o uso intensivo de recursos naturais, como água e energia, além de uso excessivo de fertilizantes químicos, contribuindo para maior impacto ambiental, incluindo a poluição e o esgotamento de recursos hídricos e a emissão de gases de efeito estufa (Altieri, 2012).

Considerando os efeitos da globalização, podemos indicar ainda a importação e a exportação de alimentos. É muito comum que, quando estão fora de época, alimentos sejam importados de outras regiões do mundo, onde o clima está mais propício para sua produção, a fim de atender aos desejos de consumo. Esse transporte, no entanto, impacta em custo, perdas e danos ambientais.

O transporte de alimentos ocorre por meio de veículos movidos a combustíveis fósseis, como caminhões, navios, aviões e trens, que consomem energia e emitem dióxido de carbono durante o trajeto. O dióxido de carbono é um gás de efeito estufa e contribui para o aquecimento global.

Como vemos, o consumo de alimentos sazonais – colhidos de acordo com sua época de safra natural – auxilia na promoção de circuitos curtos de comercialização e, por conseguinte, na redução de transportes de alimentos fora de época, consequentemente reduzindo a pegada de carbono.

O custo é, certamente, uma das desvantagens mais perceptíveis, uma vez que os alimentos disponíveis fora da estação, geralmente, têm custo mais elevado porque necessitam de maior esforço para que sejam produzidos, armazenados e transportados (Brasil, 2014).

5.4 Estratégias para promoção da sazonalidade na gastronomia

Diante das desvantagens do uso de alimentos não sazonais, fica clara a importância de priorizarmos o consumo de alimentos da época. Para conhecer os alimentos sazonais da sua região, é importante consultar o calendário da comercialização de hortaliças e frutas das Centrais de Abastecimento Estaduais (Ceasa).

Ressaltamos que a comercialização convencional de alimentos, ainda que sazonal, está orientada pela homogeneização genética e pela hiper-homogeneização do gosto. Para que seja possível, portanto, ampliar o número de produtos sazonais e locais, é necessário ainda buscar outros mercados, como feiras e compra direta da agricultura familiar.

Nesses mercados de cadeias curtas de comercialização de alimentos, em que, muitas vezes, é possível adquirir alimentos diretamente de quem os produziu, é comum encontrarmos as chamadas *plantas alimentícias não convencionais* (Panc), que são essencialmente sazonais e contêm uma ampla diversidade de nutrientes, sabores e texturas para enriquecer cardápios e proporcionar originalidade aos pratos (Kinupp; Lorenzi, 2014).

Os profissionais da área da alimentação são importantes incentivadores da produção de alimentos sustentável, visto que sua atividade demanda muitos alimentos, os quais são processados para produção de refeições e outros produtos alimentícios. Assim, planejar cardápios contendo ingredientes sustentáveis pode afetar diretamente a produção desses alimentos, gerando um ciclo de sustentabilidade.

> **Fique atento!**
> Cada região do país terá um calendário diferente, pois a sazonalidade diz respeito, justamente, à época de produção local dos alimentos.

5.5 Tipos de produção de alimentos

Para que seja possível comprar alimentos de boa qualidade para produção de refeições, é importante entendermos de onde vêm esses alimentos, como são produzidos e transformados até que cheguem aos estoques dos restaurantes.

Dessa forma, nesta seção, abordaremos os tipos de produção de alimentos, ou seja, como eles são cultivados e quais os impactos dos tipos de produção na saúde dos consumidores e no meio ambiente.

Existem dois grandes grupos de tipos de produção de alimentos: 1) a produção convencional e 2) a produção ecológica. Por *alimentos ecológicos* podemos entender alimentos produzidos por meio de sistemas orgânicos, agroecológicos, biodinâmicos, agroflorestais ou outros meios que não prejudiquem o ecossistema local e que não utilizem agrotóxicos, sementes transgênicas e demais insumos químicos. Na produção ecológica, são aplicadas técnicas como plantio em consórcio, compostagem, rotação de culturas, policulturas, sistemas agroflorestais, manejo da água, que constroem solos férteis para criar sistemas produtivos resilientes e livres de agrotóxicos (Campanha Permanente..., 2023).

Figura 5.1 – Alimentos orgânicos

Dragana Gordic/Shutterstock

O Brasil é um dos maiores produtores agrícolas do planeta, responsável por 5,7% da produção mundial e, desde 2008, reveza com os Estados

Unidos o primeiro lugar de maior consumidor de agrotóxicos do mundo (Bombardi, 2017). Por aqui, entre 2000 e 2010, o consumo de agrotóxicos cresceu quase 200%.

Em 2013, Larissa Bombardi fez um cálculo dividindo a quantidade de agrotóxicos utilizada pela agricultura convencional no Brasil pela população brasileira, concluindo que, na época, tínhamos uma quantidade de, aproximadamente, 7,6 litros de agrotóxicos por pessoa (Bombardi, 2017).

Em 2021, a quantidade utilizada no país foi de 719 mil toneladas, disparadamente na primeira posição mundial; o segundo colocado foram os Estados Unidos, com consumo de 457 mil toneladas; o terceiro lugar foi ocupado pela Indonésia, com 283 mil toneladas, e o quarto lugar foi da China, com 244 mil toneladas, gerando diferenças bem expressivas. O Brasil, como vemos, usou mais do que o dobro do que consome a China, por exemplo (Konchinski, 2024).

O alto consumo de agrotóxicos para produção agrícola no Brasil reflete nos casos de intoxicação, que somaram mais de 80 mil notificações no período de 2007 a 2015 (Brasil, 2018). Essas intoxicações são mais frequentes em agricultores que aplicam os agrotóxicos nas culturas.

Sabendo desse contexto, questionamo-nos se os alimentos contêm resíduos de agrotóxicos. Sim, alimentos produzidos de forma convencional podem conter algum resíduo de agrotóxicos. Como forma de minimizar essa situação, a Agência Nacional de Vigilância Sanitária (Anvisa) determina níveis de tolerância para o consumo seguro de resíduos de agrotóxicos nos alimentos.

> **Importante!**
> Quando nos referimos aos *resíduos*, não significa que eles estejam concentrados apenas na casca dos alimentos, mas, infelizmente, em todo o alimento, pois o efeito é sistêmico. Assim, descascar o alimento pode reduzir em alguns casos o resíduo, mas não o elimina totalmente.

Desde 2001, o Programa de Análise de Resíduos em Agrotóxicos (Para) da Anvisa avalia, continuamente, os níveis de resíduos de agrotóxicos nos alimentos de origem vegetal que chegam à mesa do consumidor. Assim, o Para é um dos principais indicadores da qualidade dos alimentos adquiridos no mercado varejista e consumidos pela população.

O último relatório, divulgado em 2023, indica que, em 41,1% das amostras de alimentos analisadas, não foram identificados resíduos de agrotóxicos; em 33,9%, havia resíduos, mas abaixo do limite máximo recomendado; e 25% foram insatisfatórias. Entre as amostras de alimentos insatisfatórias, algumas continham resíduos de agrotóxicos acima do limite máximo recomendado pela Anvisa, outras utilizavam agrotóxicos não aprovados para a cultura (o tipo de alimento), e ainda algumas continham resíduos de ingredientes ativos proibidos pela agência (Anvisa, 2023).

Na análise dos agrotóxicos, foram pesquisados 311 tipos. Em três amostras (0,17%), foi detectado potencial de risco agudo de intoxicação por consumo de resíduo de agrotóxicos. Embora a Anvisa informe que não foi detectado risco de intoxicação crônica por agrotóxicos nas amostras analisadas, a agência reconhece que o consumo de um alimento com mais de um agrotóxico com o mesmo princípio de ação, ou o consumo de mais de um alimento, concomitantemente ou ao longo da vida, que contenha diferentes agrotóxicos com a mesma ação podem gerar um risco cumulativo e exceder o limite máximo de segurança. Esse limite de segurança, atualmente, é estabelecido por agrotóxico, desconsiderando as possíveis combinações, o que pode gerar problemas à saúde dos consumidores (Anvisa, 2023).

Não existe um nível seguro de exposição aos agrotóxicos, não sendo possível eliminar o risco de desenvolver câncer ao usá-los, devido ao seu potencial mutagênico e carcinogênico (Inca, 2018). A exposição a esses insumos está relacionada ao aparecimento de linfoma não Hodgkin e de tumores malignos de mama, próstata e cérebro. Além disso, o uso de agrotóxicos está associado à desregulação do sistema hormonal, má-formação congênita, danos no aparelho reprodutivo e mutações no DNA (Inca, 2018). Os agrotóxicos podem causar dor de cabeça, tontura, fraqueza, náuseas, vômitos, dor abdominal, convulsões, coma, indução ao suicídio, lesão no sistema nervoso, no fígado e nos rins, abortos e, dependendo do grau de intoxicação, até a morte (Campanha permanente..., 2023).

Além dos danos à saúde, é importante ressaltar que os agrotóxicos geram consequências para o meio ambiente, poluindo o solo, o ar, a água, causando morte de animais como peixes, pássaros, abelhas, entre outros (Campanha permanente..., 2023).

Em contrapartida a todos esses aspectos prejudiciais na produção de alimentos convencionais, atualmente estão disponíveis no mercado ofertas cada vez maiores de alimentos ecológicos. A compra e o consumo desses alimentos são baseados, por sua vez, na confiança do consumidor em relação ao produtor. Como saber se o alimento é, realmente, produzido de forma ecológica?

Essa garantia exige custos mais altos para os produtores de alimentos ecológicos. Para que o consumidor tenha a garantia de que esses alimentos foram produzidos de forma ecológica e estão livres de resíduos de agrotóxicos, existem certificações. Assim, os agricultores que já produzem de forma ecológica, gerando benefícios à saúde da população e do meio ambiente, precisam incorporar um valor a mais na sua produção para comprovar a procedência dos alimentos. Essa questão é bastante questionada, principalmente pelos pequenos agricultores, mas ainda é o método vigente no Brasil. Assim, na embalagem desses alimentos, encontramos o selo do certificado de um organismo credenciado no Ministério da Agricultura para esse produtor; quando os produtos são comercializados sem embalagem, nas feiras, o consumidor pode exigir o selo de certificação diretamente com os feirantes (Brasil, 2009b).

Para a rotulagem de produtos orgânicos processados, como no caso de bolo, pão, geleia, entre outros, é necessário seguir a legislação vigente de rotulagem de alimentos, além de outras exigências (Brasil, 2009b).

Atualmente, esses produtos precisam apresentar, na parte frontal da embalagem, a informação de qualidade orgânica, sendo padronizado da seguinte maneira:

- **Orgânico ou produto orgânico:** Quando, pelo menos, 95% dos ingredientes que compõem o produto forem orgânicos. Nesse caso, é necessário identificar os ingredientes não orgânicos na listagem de alimentos (Brasil, 2009b).
- **Produto com ingredientes orgânicos:** Quando 70 a 95% dos ingredientes da composição forem orgânicos. Nesse caso, também é necessário apontar os componentes orgânicos na lista de ingredientes (Brasil, 2009b).

5.6 Alimentos transgênicos

Alimentos transgênicos são aqueles que foram produzidos por meio de sementes geneticamente modificadas, em que ocorre a inserção de genes provenientes de outros organismos para obter uma semente com diferentes objetivos de produção, ou seja, já não são sementes nativas, uma vez que foram modificadas em laboratório.

Com as normas legais vigentes para a rotulagem de alimentos, é possível identificar facilmente se o alimento contém, ou não, substâncias transgênicas em sua composição. A questão, entretanto, é sabermos se população em geral conhece o significado da letra T, em preto, dentro de um triângulo amarelo, como indicação de alimento transgênico.

Figura 5.2 – Símbolo de transgênico

Muitos produtos alimentícios ultraprocessados[1], como salsicha, bolachas, bolos, salgadinhos de pacote, contêm ingredientes transgênicos em sua composição. Além desses, milho e soja transgênicos são amplamente utilizados nas rações de animais de corte, como aves, gado e suínos (Idec, 2024).

Para exemplificar melhor, podemos citar o caso do milho Bt, uma semente geneticamente modificada porque recebeu genes da bactéria *Bacillus thuringiensis* (Bt), naturalmente encontrada no solo. Esse milho contém uma toxina, chamada *toxina Bt*, que é nociva para os insetos predadores dessa planta (borboleta monarca). Como essa planta é modificada também para ser mais resistente a agrotóxicos, é possível aplicá-los em maior quantidade, eliminando, por consequência, todas as demais espécies de plantas ao redor, mantendo viva somente a planta oriunda da semente modificada. Nesse cenário, plantas espontâneas, que crescem ao redor da planta cultivada – também chamadas de *pragas* pelos agricultores – podem tornar-se "superpragas", isto é, desenvolvendo resistência aos agrotóxicos e exigindo aplicação, progressivamente, de maiores quantidades dessas substâncias nas plantações. Todas essas intervenções fazem com que a biodiversidade do local seja reduzida, o impacto ambiental aumente, poluindo rios, ar e solos, promovendo

---

[1] Alimentos ultraprocessados são assim considerados porque contêm aditivos que não são utilizados no cotidiano doméstico.

desequilíbrios incalculáveis nos ecossistemas, além de tornar questionável a segurança do consumo desses alimentos (Altieri, 2012; Idec, 2024).

Nesse cenário, surgem também a dependência dos agricultores do cultivo desses alimentos e a falta de soberania alimentar do país, já que as espécies transgênicas são produzidas por patentes. Em outras palavras, o agricultor que as utilizar deve pagar *royalties* para a empresa detentora da tecnologia. A cada safra, novas sementes devem ser adquiridas, pois elas não podem ser reutilizadas como ocorre, comumente, com as sementes não transgênicas. Como consequência, o agricultor e os consumidores ficam dependentes das empresas transnacionais que produzem essas sementes (Idec, 2024).

Esses agricultores estão sujeitos ainda a pagamento de multas, caso não paguem *royalties* de alguma semente utilizada, o que pode ocorrer até de forma não intencional, visto que existe a chance de nascer uma planta transgênica na plantação convencional, mesmo após o agricultor não estar intencionalmente utilizando sementes transgênicas, tornando difícil a transição para uma plantação totalmente não transgênica (Idec, 2024).

Outra possibilidade é a contaminação cruzada, que pode ser mediada por insetos ou até mesmo pelo vento em plantações próximas. Essa questão pode ser prejudicial tanto em razão da multa quanto pela dificuldade de um agricultor atestar que seu produto é não transgênico, caso seja uma exigência do comprador (Idec, 2024).

Até aqui, citamos os prejuízos para os agricultores e para o meio ambiente. Qual será, porém, a consequência de alimentos transgênicos para a saúde?

Esses alimentos são muito criticados, especialmente por conterem substâncias tóxicas – como no caso do milho Bt – e não passarem por testes rigorosos de segurança para a saúde da população. Segundo o Idec (2024), aditivos alimentares, corantes, pesticidas e medicamentos passam por avaliações de segurança muito mais rígidas do que os alimentos transgênicos. Além disso, alguns estudos mostram o potencial desses alimentos para causar alergias em parcela significativa da população, em razão das novas substâncias formadas pelas modificações genéticas.

Outra consequência é a resistência a antibióticos, que pode ocorrer pela inserção de bactérias resistentes a antibióticos em algumas espécies.

O uso de maior quantidade de agrotóxicos para a produção de alimentos transgênicos é ainda uma preocupação relevante para a saúde, pois, como já vimos anteriormente, o consumo de resíduos de agrotóxicos nos alimentos provoca impactos nocivos à saúde da população.

Dessa forma, pretendemos provocar uma reflexão sobre a origem dos alimentos e como isso pode ser aplicado no dia a dia da gastronomia vegetariana.

Ressaltamos que, embora a gastronomia vegetariana seja um conceito de alimentação mais saudável e sustentável, ela não é, essencialmente, oriunda de produção de base ecológica (orgânica, agroecológica, entre outros já abordados).

Assim, entender as possibilidades de adquirir alimentos de base ecológica é relevante para a produção de refeições que gerem impactos positivos na vida das pessoas e do planeta. Adquirir alimentos ecológicos diretamente de agricultores e ficar de olho na rotulagem de transgênicos é um comportamento que pode auxiliar na prática.

5.7 Estratégias para uma gastronomia responsável e sustentável

De acordo com a FAO (2022), no mundo, 14% dos alimentos, após a colheita, são perdidos até o varejo e 17% são desperdiçados no varejo e nas residências. Na região da América Latina e do Caribe, 11,6% dos alimentos são perdidos, o equivalente a 220 milhões de toneladas por ano.

Anualmente, portanto, perdemos ou desperdiçamos entre um quarto e um terço dos alimentos produzidos para o consumo humano. Isso equivale a cerca de 1,3 bilhão de toneladas de alimentos, o que inclui 30% dos cereais, entre 40 e 50% das raízes, frutas, hortaliças e sementes oleaginosas, 20% da carne e dos produtos lácteos e 35% dos peixes (FAO, 2022). Em todas as etapas do sistema alimentar, ocorrem desperdícios de alimentos: 28% pelos consumidores, 28% na produção, 17% no mercado e na distribuição, 22% durante o manejo e o armazenamento e 6% no processamento. O Brasil desperdiça 22 bilhões de calorias, o que seria suficiente para satisfazer as necessidades nutricionais de 11 milhões de pessoas (FAO, 2022).

Nesse contexto, a gastronomia sustentável não pode deixar de lançar mão de técnicas que reduzam o desperdício de alimentos, bem como destinem seus resíduos corretamente.

Atualmente, no Brasil, está em vigência a Política Nacional de Resíduos Sólidos (PNRS), instituída por meio da Lei n. 12.305, de 2 de agosto de 2010 (Brasil, 2010). A lei descreve as responsabilidades relacionadas à gestão integrada e ao gerenciamento ambientalmente adequado de resíduos sólidos de geradores e dos entes públicos. Também estabelece uma ordem de prioridades na gestão e no gerenciamento desses resíduos, como elencamos a seguir, de acordo com o art. 9º da referida lei:

1. Não geração.
2. Redução.
3. Reutilização.
4. Reciclagem.
5. Tratamento.
6. Depósito final.

Com base nessas prioridades instituídas pela lei, Pires, Seabra e Rolim (2022) estabeleceram algumas relações das prioridades com ações que poderiam ser utilizadas em serviços de alimentação para a gestão sustentável de resíduos sólidos. As autoras citam que, para a **não geração** desses resíduos, é interessante fazermos um planejamento adequado. O que faz todo sentido, uma vez que, quanto mais o planejamento estiver refletindo a realidade executada, com estabelecimento de porções médias adequadas, fichas técnicas bem elaboradas, cardápio adequado, compra e armazenamento adequados, conhecimento do perfil da clientela atendida e conscientização dos consumidores, mais é possível caminhar para a menor geração de resíduo possível.

Com relação à **redução**, o treinamento da equipe é essencial para que a manipulação dos alimentos seja adequada a fim de minimizar a geração de resíduos. Nesse treinamento, podemos adicionar as técnicas de aproveitamento integral dos alimentos, como o uso das cascas, talos, sementes e folhas, utilizando o alimento de forma integral, evitando perdas de partes comestíveis que, por sua vez, são ricas em vitaminas, minerais, compostos bioativos e antioxidantes, muito importantes para a manutenção de uma alimentação saudável.

O uso de materiais de uso permanente, como copos, talheres e demais recipientes não descartáveis, é outra estratégia muito importante para buscarmos a gastronomia mais sustentável. A redução de embalagens, principalmente as plásticas, também é importante, como trocar marmitas de isopor, canudos de plástico, embalagens plásticas para talheres e guardanapos por embalagens de papel, entre outras biodegradáveis, próprias para alimentos.

No que diz respeito à **reutilização**, podemos pensar na coleta seletiva, dando destinos adequados para os alimentos – como a transformação do óleo usado nas fritadeiras em produtos de limpeza, a compostagem de resíduos orgânicos e a destinação de restos de alimentos para a alimentação animal –, bem como no reaproveitamento de alimentos, que deve ocorrer de forma segura. As sobras limpas (sobra de alimentos que não foram destinados para o servimento) devem ser mantidas em tempo e temperaturas adequadas, seguindo as normas de boas práticas de manipulação de alimentos, para que possam, posteriormente, serem reaquecidas, resfriadas e armazenadas dentro dos procedimentos adequados para utilização em novas preparações.

Figura 5.3 – Composteira de resíduo orgânico

Electric Egg/Shutterstock

A **reciclagem**, o **tratamento** e a **destinação** dos resíduos sólidos estão integrados e devem começar com a reestruturação de utensílios para coleta dos resíduos sólidos, bem como com o planejamento adequado da destinação desses resíduos. Em outras palavras, de nada adianta separar os resíduos recicláveis se eles forem destinados junto com os rejeitos para o aterro sanitário.

Assim, os coletores de resíduos devem estar identificados com o tipo de resíduo permitido para descarte em cada um deles, bem como estar em número suficiente e em locais estratégicos. Além disso, os colaboradores devem estar conscientizados sobre a importância da separação. Os gestores, por sua vez, devem possibilitar os destinos corretos, estabelecendo parcerias com cooperativas de catadores para retirar os resíduos recicláveis ou destinar para a coleta seletiva da cidade, quando existir e for viável; parceria com empresas que coletam o óleo usado, para produção de sabão em pedra e outros produtos de limpeza; parceria com empresas que coletam alimentos para compostagem, ou mesmo providenciar a instalação de composteira no próprio estabelecimento; e contratação de empresa para coleta de rejeitos (resíduos não recicláveis e não orgânicos, normalmente papel higiênico, papel-toalha, restos de comidas que não são compostados e materiais que não são reciclados).

Outras medidas são, por exemplo, utilizar materiais de limpeza biodegradáveis; aproveitar a água da chuva para higienização de calçadas; utilizar energias renováveis, como a solar e a eólica; proporcionar construções inteligentes, com o uso de materiais sustentáveis, como *containers*, explorando a iluminação e a ventilação natural; manter fossas e esgotos regularizados, banheiros com descargas eficientes e torneiras com arejadores para uso consciente da água.

5.8 Plantas alimentícias não convencionais e agricultura local

O uso de plantas alimentícias não convencionais, as Panc[2], é também uma implementação sustentável. Segundo a definição de Kinupp e Lorenzi (2014, p. 14), *Panc* são "plantas que possuem uma ou mais das categorias de uso alimentício mesmo que não sejam comuns, não sejam corriqueiras, não sejam do dia a dia de uma população da região, de um país, ou mesmo do planeta, já que temos atualmente uma alimentação muito homogênea, monótona e globalizada".

Dessa forma, um vegetal pode ser considerado uma Panc na Região Sul do país, mas não ser considerada Panc na Região Nordeste, ou, ao contrário, como o pinhão, por exemplo que é comum no Sul do país e não convencional no Norte e no Nordeste. As Panc são interessantes para a promoção de uma alimentação saudável, variada, sustentável e culturalmente referenciada.

---

2   O acrônimo *Panc* (plantas alimentícias não convencionais) deve ser escrito sem o s, mesmo no plural. O registro *Pancs* está errado.

Como são produzidas espontaneamente, geralmente são comercializadas por agricultores familiares de base ecológica, não são produzidas por meio de sementes transgênicas e raramente terão resíduos de agrotóxicos. Além disso, seu consumo contribui para a reprodução da cultura alimentar local, bem como para a conservação da biodiversidade e para a reprodução da vida na Terra.

As Panc mais utilizadas nos últimos tempos no Sul do Brasil são: ora-pro-nóbis, pulmonária, também conhecida como *peixinho*, taioba, vinagreira, azedinha, língua de vaca, almeirão roxo, capuchinha (uma flor comestível), cará-moela, também chamado de *cará-voador* (é um cará diferente, pois não é um tubérculo, é uma planta trepadeira, por isso *cará-voador*), clitória (flor do feijão borboleta, usada como pigmento natural azul, rosa e roxo – dependendo do pH da receita, ela muda a cor).

Figura 5.4 – Peixinho da horta empanado e *in natura*

Adilson Sochodolak/Shutterstock

Além das Panc, existem também as partes alimentícias não convencionais, assunto que coincide com o aproveitamento integral dos alimentos. Por exemplo, o coração da bananeira, a folha da batata-doce, a jaca e o mamão verde, que, normalmente, não são consumidos, podem ser inseridos na alimentação, auxiliando na redução do desperdício de alimentos e aproveitando partes riquíssimas destes, o que agrega originalidade aos pratos da gastronomia. Dessa forma, muitos *chefs* têm implementado as Panc nos seus cardápios.

> **Mãos à obra**
> Para que você teste o sabor das Panc e de outras preparações vegetarianas, indicamos a receita de panqueca azul de jenipapo com refogado de capuchinha e azedinha ao molho *bechamel*. São quatro preparos rápidos, simples e surpreendentes!

Molho *bechamel* vegano

Ingredientes
- 50 g de margarina
- 50 g de farinha de trigo
- 400 ml de bebida vegetal da sua escolha

Modo de preparo
Junte a margarina com a farinha de trigo e leve em uma panela ao fogo. Após o derretimento da margarina, acrescente a bebida vegetal e os temperos (pimenta-do-reino, sal, noz-moscada). Mexa com o fuê até engrossar. Desligue o fogo e reserve.

Salada de capuchinha com azedinho

Ingredientes
- ½ bandeja de flores de capuchinha
- ½ maço de folhas de azedinha

Modo de preparo
Lave as folhas e flores, uma a uma, em água corrente e, depois, sanitize-as. Para sanitizar, pode ser usado produto próprio para esse fim e, assim, seguir as instruções da embalagem ou utilizar água sanitária para alimentos (vem escrito na embalagem se for própria para alimentos). No caso de usar água sanitária, a solução deve ser preparada com uma colher de sopa de água sanitária para cada litro de água e as folhas e flores devem ficar 15 minutos de molho. Por fim, as folhas e flores devem ser enxaguadas em água corrente. Em seguida, seque as folhas e flores em um secador de folhas e monte a salada. Atenção: as flores da capuchinha são sensíveis e devem ser manuseadas com cuidado para não serem danificadas.

Bebida azul

Ingredientes
- 1 jenipapo verde
- 1 xícara de bebida de soja

Modo de preparo
Descasque o jenipapo verde e bata ¼ da sua polpa (com semente) no liquidificador com a bebida de soja. Em seguida, coe em voal e coloque o leite batido com jenipapo para aquecer até chegar próximo ao ponto de fervura. A bebida vai ficar azul.

Panqueca azul

Ingredientes
- 1 xícara de bebida de soja azul
- 2 ovos (pode ser substituído por chia hidratada)
- 4 colheres de sopa de óleo de soja
- 1 colher de chá de sal
- 1 ½ xícara de farinha de trigo

Modo de preparo
Coloque todos os ingredientes líquidos no liquidificador e bata. Depois, acrescente a farinha e bata novamente. Coloque a massa na frigideira untada e, depois que já estiver consistente, vire-a. Refogue as Panc e

recheie a panqueca com Panc refogadas e molho *bechamel*. Decore com flores de capuchinha e finalize com bechamel.

Por fim, uma ação muito relevante é a instalação de hortas que produzam hortaliças a serem utilizadas no próprio restaurante. No caso da indisponibilidade de espaço e da inviabilidade de instalação de hortas, os circuitos curtos de comercialização de alimentos é uma escolha bem interessante, pois comprar alimentos locais promove a redução de emissão de carbono gerada com transportes de alimentos. Alguns alimentos disponíveis nos supermercados vêm do outro lado do mundo e, para tanto, precisam ser transportados, muitas vezes, em caminhões, vans e navios para chegar ao seu destino.

Comprar alimentos locais proporciona, portanto, menor pegada de carbono e ainda promove a criação de vínculo entre o produtor do alimento e o consumidor. Não é interessante sabermos de onde vem nosso alimento? Quem plantou? Onde foi produzido? Qual caminho percorrido para chegar até nossas mesas?

Como vemos, a aquisição de alimentos oriundos da agricultura familiar local é um meio relevante para promovermos sistemas alimentares mais sustentáveis. Atualmente, existem agricultores, associações e cooperativas que entregam quantidades significativas e variadas de alimentos e têm condições de fornecer diretamente para restaurantes.

Conhecer os produtores locais, conversar sobre as possibilidades de produção e planejar os cardápios com base nessa produção é um movimento revolucionário na gastronomia que deve ser considerado com carinho para a promoção da gastronomia sustentável.

> **Para saber mais**
>
> Para saber mais sobre a produção de carne e o impacto ambiental provocado pelo seu consumo, recomendamos assistir ao documentário *A carne é fraca*, produzido pelo Instituto Nina Rosa, voltado para a valorização da vida animal.
>
> A CARNE é fraca. Direção: Denise Gonçalves. Produção: Instituto Nina Rosa. Brasil, 2004. 52 min. Disponível em: <https://www.youtube.com/watch?v=euvdedl-qso>. Acesso em: 4 abr. 2024.

Síntese

Neste capítulo, abordamos os impactos do consumo de alimentos para a saúde e para o meio ambiente. Apresentamos os conceitos de *cuisine santé* e dieta sustentável, que estão diretamente relacionados com a gastronomia vegetariana, visto que uma das questões mais importantes para a dieta sustentável é a redução do consumo de alimentos de origem animal e o aumento de alimentos vegetais, como frutas e hortaliças, cereais integrais, oleaginosas e leguminosas.

Tratamos também dos modelos de produção de alimentos, essencial para entender de onde vêm os ingredientes usados para elaboração dos cardápios e como essa produção impacta a saúde dos consumidores e a reprodução da vida no planeta, tema tão relevante, sobretudo na atualidade. Para tanto, abordamos conceitos de alimentos orgânicos e agroecológicos, alimentos transgênicos e sazonalidade.

Abordamos ainda o aproveitamento integral e o reaproveitamento de alimentos, temas que, comumente, são confundidos, mas que precisam ser entendidos em sua essência porque ambos são relevantes. O aproveitamento integral utiliza o alimento como um todo, descartando o mínimo possível das cascas, sementes e aparas. Já o reaproveitamento visa usar preparações já prontas para o consumo que sobraram dentro da cozinha (sobra limpa), as quais podem ser reformuladas e servidas novamente, como o arroz que pode virar bolinho de arroz, ou o frango que pode ser desfiado e virar recheio de tora.

Por fim, tratamos da gestão de resíduos sólidos em serviços de alimentação, abordando formas de separação, armazenamento e destinação correta dos resíduos sólidos oriundos da produção de alimentos. Destacamos, aqui, a Política Nacional de Resíduos Sólidos, que orienta, antes de tudo, para a não geração de resíduos, seguindo para redução, reutilização, reciclagem, tratamento e depósito final.

Portanto, com base no conteúdo tratado neste capítulo, é possível apontar o quanto a dieta vegetariana contribui não apenas para um consumo ético e sustentável, mas também entender que existem outras questões a serem consideradas quando se trata de gastronomia sustentável que podem caminhar em conjunto, enriquecendo o serviço ofertado aos clientes.

Questões para revisão

1. Assinale a alternativa que indica corretamente a informação que deve ser destacada na parte frontal da embalagem de um produto orgânico que contenha, pelo menos, 95% de ingredientes orgânicos, de acordo com a legislação brasileira de rotulagem de alimentos:
   a) Produto com ingredientes orgânicos.
   b) Produto orgânico.
   c) Ingredientes não orgânicos.
   d) Produto ecológico.
   e) Produto sustentável.

2. Com base no conteúdo deste capítulo, indique uma ação recomendada para a redução da geração de resíduos alimentares em serviços de alimentação.

3. Descreva duas estratégias para a reutilização de resíduos sólidos em serviços de alimentação.

4. Assinale a alternativa correta sobre a relação dos agrotóxicos com a saúde humana:
   a) O uso de agrotóxicos não está associado a riscos para a saúde humana.
   b) Não há evidências de que os agrotóxicos causam mutações no DNA.
   c) A exposição aos agrotóxicos pode aumentar o risco de câncer.
   d) Os agrotóxicos são seguros para o sistema hormonal e a saúde reprodutiva.
   e) Lavar bem os alimentos remove os agrotóxicos usados na sua produção e, assim, estes não causam riscos à saúde.

5. Assinale a alternativa que indica corretamente uma desvantagem relacionada ao consumo de alimentos disponíveis fora de época:
   a) Maior diversidade alimentar.
   b) Menor custo.
   c) Menor impacto ambiental.
   d) Custo mais elevado.
   e) Mais qualidade.

Questões para reflexão

1. Como abordamos neste capítulo, é importante sabermos de onde vêm os alimentos que compramos, como são produzidos e quem produz. Mais relevante ainda é sabermos os insumos usados, como estes afetam o meio ambiente e a saúde das pessoas. Considerando sua futura prática profissional, vá a uma feira de orgânicos ou a alguma propriedade de agricultura familiar da sua cidade e converse com os produtores. Pergunte sobre essas questões e relacione as respostas

com os estudos deste capítulo. Depois, compartilhe sua experiência com seus colegas.
2. Faça a análise da rotulagem de alimentos em um supermercado da sua cidade. Pesquise marcas de óleo de soja e fubá não transgênicas, ou seja, cujo rótulo não contenha o símbolo dos transgênicos. Em seguida, tire fotos dos produtos e compartilhe com os colegas.

Considerações finais

A disseminação da gastronomia vegetariana no Brasil é um assunto relativamente recente e requer atenção, sobretudo pela quantidade de adeptos, que vem crescendo a cada ano.

A alimentação vegetariana, embora restrita, pode ser muito diversa. São inúmeras as opções de alimentos que podem ser processados para a elaboração de preparações diversificadas, saborosas e saudáveis.

Conhecer as bases, as substituições e as técnicas culinárias proporciona a elaboração de cardápios democráticos que atendem tanto a alimentação onívora quanto a vegetariana.

Como vimos, a alimentação vegetariana é uma prática benéfica não apenas para os indivíduos que a adotam, mas também para o planeta. Assim, disponibilizar, sistematicamente, opções vegetarianas nos menus e incentivar o seu consumo é relevante para democratizar esse modelo alimentar e contribuir para a reprodução da vida na Terra.

Esse modelo alimentar visa proporcionar uma alimentação saudável, ética e sustentável. Assim, contribuir para sua disseminação, oferecendo opções vegetarianas nos *menus* e *buffets*, é mais que uma simples ação para atender a demanda: é assumir um compromisso em respeito às escolhas alimentares, à ética animal, à saúde dos clientes e à reprodução da vida no planeta Terra.

Referências

A CARNE é fraca. Direção: Denise Gonçalves. Produção: Instituto Nina Rosa. Brasil, 2004. 52 min. Disponível em: <https://www.youtube.com/watch?v=euvdedl-qso>. Acesso em: 4 abr. 2024.

ALTIERI, M. **Agroecologia**: bases científicas para uma agricultura sustentável. 3. ed. São Paulo: Expressão Popular, 2012.

ALVES, E. C. **Direito humano à alimentação adequada e vegetarianismo no âmbito dos restaurantes universitários**. Dissertação (Mestrado em Alimentação e Nutrição) – Universidade Federal do Paraná, Curitiba, 2016. Disponível em: <https://sucupira-legado.capes.gov.br/sucupira/public/consultas/coleta/trabalhoConclusao/viewTrabalhoConclusao.jsf?popup=true&id_trabalho=4823247>. Acesso em: 12 jan. 2025.

ANVISA – Agência Nacional de Vigilância Sanitária. **Programa de Análise de Resíduos de Agrotóxicos em Alimentos – PARA**: relatório das amostras analisadas no período de 2017-2018 – Primeiro ciclo do Plano Plurianual 2017-2020. Brasília, 2019. Disponível em: <https://www.gov.br/anvisa/pt-br/assuntos/agrotoxicos/programa-de-analise-de-residuos-em-alimentos/arquivos/3770json-file-1>. Acesso em: 5 abr. 2024.

ANVISA – Agência Nacional de Vigilância Sanitária. **Programa de Análise de Resíduos de Agrotóxicos em Alimentos – PARA**: relatório dos resultados das análises de amostras monitoradas nos ciclos 2018-2019 e 2022 – Plano Plurianual 2017-2022. Brasília, 2023. Disponível em: <https://www.gov.br/anvisa/pt-br/assuntos/agrotoxicos/programa-de-analise-de-residuos-em-alimentos/arquivos/relatorio-2018-2019-2022>. Acesso em: 13 maio 2024.

ARAÚJO, H. M. C. et al. Transformação dos alimentos: cereais e leguminosas. In: ARAÚJO, W. M. C. et al. (Org.) **Alquimia dos alimentos**. 3. ed. Brasília: Ed. do Senac-DF, 2017a. p. 179-210. (Série Alimentos e Bebidas).

ARAÚJO, H. M. C. et al. Transformação dos alimentos: hortaliças, cogumelos, algas e frutas. In: ARAÚJO, W. M. C. et al. (Org.) **Alquimia dos alimentos**. 3. ed. Brasília: Ed. do Senac-DF, 2017b. p. 211-229. (Série Alimentos e Bebidas).

ARAÚJO, H. M. C. et al. Transformação dos alimentos: leites e derivados. In: ARAÚJO, W. M. C. et al. (Org.) **Alquimia dos alimentos**. 3. ed. Brasília: Ed. do Senac-DF, 2017c. p. 163-178. (Série Alimentos e Bebidas).

ARAÚJO, H. M. C. et al. Transformação dos alimentos: ovos. In: ARAÚJO, W. M. C. et al. (Org.) **Alquimia dos alimentos**. 3. ed. Brasília: Ed. do Senac-DF, 2017d. p. 151-161. (Série Alimentos e Bebidas).

ARAÚJO, J. M. A. **Química de alimentos**: teoria e prática. 3. ed. Viçosa: Ed. da UFV, 2003.

ARQUITETANDO PALADAR. **40 opções de pratos vegetarianos para o seu evento corporativo**. Disponível em: <https://arquitetandopaladar.com.br/blog/40-opcoes-de-pratos-vegetarianos-e-veganos-para-o-seu-evento-corporativo>. Acesso em: 17 abr. 2024.

AVP – Associação Vegetariana Portuguesa. **O vegetarianismo ao longo da história da humanidade**. 2013. Disponível em: <https://www.avp.org.pt/o-vegetarianismo-ao-longo-da-historia-da-humanidade>. Acesso em: 27 mar. 2024.

BARONE, M. G. Levedura nutricional: saiba o que é e quando indicar! **Nutritotal**, 29 nov. 2021. Disponível em: <https://nutritotal.com.br/pro/material/levedura-nutricional/>. Acesso em: 15 abr. 2024.

BENÍTEZ, R. O. Perdas e desperdícios de alimentos na América Latina e no Caribe. **FAO – Food and Agriculture Organization of the United Nations**. Escritório Regional da FAO para a América Latina e o Caribe. 1º mar. 2016. Disponível em: <https://www.fao.org/americas/news/news-detail/pda-benitez/pt>. Acesso em: 20 maio 2024.

BLOG DO MANJERICÃO. **Tutu de feijão vegetariano**. 31 maio 2021. Disponível em: <https://www.emporiomanjericao.com.br/post/tutu-de-feij%C3%A3o-vegetariano>. Acesso em: 11 maio 2024.

BOMBARDI, L. M. **Geografia do uso de agrotóxicos no Brasil e conexões com a União Europeia**. São Paulo: FFLCH – USP, 2017. Disponível em: <https://conexaoagua.mpf.mp.br/arquivos/agrotoxicos/05-larissa-bombardi-atlas-agrotoxico-2017.pdf>. Acesso em: 5 abr. 2024.

BOTELHO, C. Risotto de quinoa e alho-poró. In: SVB – Sociedade Vegetariana Brasileira. **Livro de Receitas Cozinha Show**: VegFest 2018. São Paulo: SVB 2018. p. 21. Disponível em: <https://materiais.svb.org.br/e-book-cozinha-show-vegfest-2018>. Acesso em: 20 maio 2024.

BOTELHO, C.; SALLES, M. **Monte sua ceia veg**. São Paulo: SVB, 2024. Disponível em: <https://materiais.svb.org.br/festas21>. Acesso em: 20 maio 2024.

BRASIL. Lei n. 12.305, de 2 de agosto de 2010. **Diário Oficial da União**, Poder Legislativo, Brasília, DF, 3 ago. 2010. Disponível em: <http://www.planalto.gov.br/ccivil_03/_Ato2007-2010/2010/Lei/L12305.htm>. Acesso em: 6 abr. 2024.

BRASIL. Ministério da Agricultura, Pecuária e Abastecimento. Instrução Normativa n. 6, de 16 de fevereiro de 2009. **Diário Oficial da União**, Brasília, DF, 18 fev. 2009a. Disponível em: <https://sistemasweb.agricultura.gov.br/sislegis/action/detalhaAto.do?method=visualizarAtoPortalMapa&chave=1687046295>. Acesso em: 5 abr. 2024.

BRASIL. Ministério da Agricultura, Pecuária e Abastecimento. Instrução Normativa n. 19, de 28 de maio de 2009. **Diário Oficial da União**, Brasília, DF, 28 maio 2009b. Disponível em: <https://www.gov.br/agricultura/pt-br/assuntos/sustentabilidade/organicos/arquivos-organicos/11IN_19_28052009_MECANISMOS.pdf>. Acesso em: 5 abr. 2024.

BRASIL. Ministério da Agricultura, Pecuária e Abastecimento. Portaria n. 2.658, de 22 de dezembro de 2003. **Diário Oficial da União**, Brasília, DF, 26 dez. 2003. Disponível em: <https://www.gov.br/agricultura/pt-br/assuntos/insumos-agropecuarios/insumos-pecuarios/alimentacao-animal/arquivos-alimentacao-animal/legislacao/portaria-no-2-658-de-22-de-dezembro-de-2003.pdf>. Acesso em: 16 abr. 2024.

BRASIL. Ministério da Agricultura Pecuária e Abastecimento. **Regulamento Técnico de Identidade e Qualidade**: leite e seus derivados. 2024. Disponível em: <https://www.gov.br/agricultura/pt-br/assuntos/defesa-agropecuaria/suasa/regulamentos-tecnicos-de-identidade-e-qualidade-de-produtos-de-origem-animal-1/rtiq-leite-e-seus-derivados>. Acesso em: 12 maio 2024.

BRASIL. Ministério da Agricultura, Pecuária e Abastecimento. Secretaria de Inspeção de Produto Animal. Portaria n. 1, de 21 de fevereiro de 1990. **Diário Oficial da União**, Brasília, DF, 6 mar. 1990. Disponível em: <https://www.gov.br/agricultura/pt-br/assuntos/inspecao/produtos-animal/empresario/arquivos/Portaria11990ovos.pdf/view>. Acesso em: 14 abr. 2024.

BRASIL. Ministério da Ciência, Tecnologia e Inovações. Secretaria de Pesquisa e Formação Científica. **Quarta Comunicação Nacional do Brasil à Convenção Quadro das Nações Unidas sobre Mudança do Clima**. Brasília, 2021. Disponível em: <https://www.gov.br/mcti/pt-br/centrais-de-conteudo/publicacoes-mcti/quarta-comunicacao-nacional-do-brasil-a-unfccc/sumario_executivo_4cn_brasil_web.pdf>. Acesso em: 13 maio 2024.

BRASIL. Ministério da Saúde. Comissão Nacional de Normas e Padrões para Alimentos. Resolução n. 14, de 28 de junho de 1978. **Diário Oficial da União**, Brasília, DF, 28 jun. 1978. Disponível em: <https://bvsms.saude.gov.br/bvs/saudelegis/cnnpa/1978/res0014_28_06_1978.html>. Acesso em: 14 abr. 2024.

BRASIL. Ministério da Saúde. Secretaria de Atenção à Saúde. Departamento de Atenção Básica. **Guia alimentar para a população brasileira**. 2. ed. Brasília, 2014. Disponível: <https://bvsms.saude.gov.br/bvs/publicacoes/guia_alimentar_populacao_brasileira_2ed.pdf>. Acesso em: 4 abr. 2024.

BRASIL. Ministério da Saúde. Secretaria de Vigilância em Saúde. Departamento de Vigilância em Saúde Ambiental e Saúde do Trabalhador. **Relatório Nacional de Vigilância em Saúde de Populações Expostas a Agrotóxicos**. Brasília, 2018. v. 1, tomo 2. Disponível em: <https://bvsms.saude.gov.br/bvs/publicacoes/relatorio_nacional_vigilancia_populacoes_expostas_agrotoxicos.pdf>. Acesso em: 5 abr. 2024.

BRASIL. Presidência da República. Secretaria Geral. Subchefia para Assuntos Jurídicos. Decreto n. 9.013, de 29 de março de 2017. **Diário Oficial da União**, Poder Executivo, Brasília, DF, 30 mar. 2017. Disponível em: <https://www.planalto.gov.br/ccivil_03/_ato2015-2018/2017/decreto/d9013.htm#:~:text=DECRETO%20N%C2%BA%209.013%2C%20DE%2029,de%20produtos%20de%20origem%20animal.>. Acesso em: 10 jan. 2025.

BRÜGGER, P. Nós e os outros animais: especismo, veganismo e educação ambiental. **Linhas Críticas**, v. 15, n. 29, p. 197-214, jul./dez. 2009. Disponível em: <http://www.redalyc.org/articulo.oa?id=193514388002>. Acesso em: 30 mar. 2024.

BURLINGAME, B. Preface. In:.BIODIVERSITY AND SUSTAINABLE DIETS UNITED AGAINST HUNGER, 2010, Rome. **Proceedings...** Rome: FAO, 2012. p. 6-8. Disponível em: <https://www.fao.org/fileadmin/templates/food_composition/documents/upload/i3022e.pdf>. Acesso em: 3 abr. 2024.

CAMARGO, E. B.; BOTELHO, R. A. **Técnica dietética**: seleção e preparo de alimentos – manual de laboratório. São Paulo: Atheneu, 2008.

CAMPANHA PERMANENTE contra os agrotóxicos e pela vida. **Como os agrotóxicos afetam a nossa vida?** 30 maio 2023. Disponível em: <https://contraosagrotoxicos.org/wp-content/uploads/2023/05/IMPRESSAO-Cartilha-Como-os-Agrotoxicos-Afetm-nossa-vida.pdf>. Acesso em: 4 abr. 2024.

CARDOSO, K. **50 doces veganos**: delícias práticas e fáceis para todos os dias. São Paulo: Alaúde. 2015.

CEASA-PR – Centrais de Abastecimento do Paraná. **Calendário da comercialização de hortaliças e frutas.** Disponível em: <https://www.ceasa.pr.gov.br/sites/ceasa/arquivos_restritos/files/documento/2021-05/calendario_atual.pdf>. Acesso em: 4 abr. 2024.

CFN – Conselho Federal de Nutricionistas. Alimentação vegetariana na atuação do nutricionista. **Parecer técnico n. 9**, de 30 de setembro de 2022. Disponível em: <https://www.cfn.org.br/wp-content/uploads/2022/10/parecer_tecnico_vegetarianismo.pdf>. Acesso em: 9 abr. 2024.

COSTA, N. M. B.; ROSA, C. O. B. (Org.). **Alimentos funcionais**: componentes bioativos e efeitos fisiológicos. 2. ed. Rio de Janeiro: Rubio, 2016.

COZINHA VEGETARIANA. **Bolinho de okara**. 2 jul. 2008. Disponível em: <https://cozinhavegetariana.blogspot.com/2008/07/bolinho-de-okara-resduo-de-soja.html>. Acesso em: 20 maio 2024.

EAT CLEAN BRASIL. Disponível em: <https://www.eatcleanbrasil.com.br/nutritional-yeast/nutritional>. Acesso em: 12 maio 2024.

EMBRAPA – Empresa Brasileira de Pesquisa Agropecuária. Edamame. **Embrapa Soja**. Disponível em: <https://www.embrapa.br/soja/edamame>. Acesso em: 14 abr. 2024.

FAO – Organização das Nações Unidas para a Alimentação e a Agricultura. **FAO comemora Dia Internacional de Conscientização sobre a Perda e o Desperdício de Alimentos com chamado à ação. FAO no Brasil**, 30 set. 2022. Disponível em: <https://www.fao.org/brasil/noticias/detail-events/pt/c/1607352/>. Acesso em: 3 abr. 2024.

FERREIRA, S.; METELLO, N. O vegetarianismo ao longo da história da humanidade. **AVP – Associação Vegetariana Portuguesa**, 31 mar. 2013. Disponível em: <https://www.avp.org.pt/o-vegetarianismo-ao-longo-da-historia-da-humanidade/>. Acesso em: 13 maio 2024.

FLETCHER, R. J. Pseudocereals: Overview. In. WRIGLEY, C et al. **Encyclopedia of Food Grains**. 2. ed. Kidlington: Elsevier, 2016. p. 274-279.

FRANCO, G. **Tabela de composição química dos alimentos**. 9. ed. São Paulo: Atheneu, 2008.

GARNETT, T. et al. Sustainable Intensification in Agriculture: Premises and Policies. **Science**, v. 341, n. 6141, p. 33-34, July 2013. Disponível em: <https://www.researchgate.net/publication/245539023_Sustainable_Intensification_in_Agriculture_Premises_and_Policies>. Acesso em: 4 abr. 2024.

GOUVEIA, L. A. G; FRANGELLA, V. S; EXEL, M. O. A. Quinoa: propriedades nutricionais e aplicações. **Nutrição Brasil**, v. 11, n. 1, p. 56-61, jan./fev. 2012. Disponível em: <https://www.researchgate.net/publication/291357376_Quinoa_propriedades_nutricionais_e_aplicacoes>. Acesso em: 4 abr. 2024.

GRACIA ARNAIZ, M. Em direção a uma nova ordem alimentar? In: CANESQUI, A.M.; DIEZ GARCIA, R. W. (Org.). **Antropologia e nutrição**: um diálogo possível. Rio de Janeiro: Fiocruz, 2005. p. 147-164. (Coleção Antropologia e Saúde). Disponível em: <https://books.scielo.org/id/v6rkd>. Acesso em: 4 abr. 2024.

IBGE – Instituto Brasileira de Geografia e Estatística. **POF – Pesquisa de Orçamentos Familiares**: 2017-2018. 2019. Disponível em: <https://www.ibge.gov.br/estatisticas/sociais/saude/24786-pesquisa-de-orcamentos-familiares-2.html?=&t=o-que-e>. Acesso em: 9 abr. 2024.

IDEC – Instituto de Defesa de Consumidores. **Saiba o que são os alimentos transgênicos e quais os seus riscos.** 9 jan. 2024. Disponível em: <https://idec.org.br/consultas/dicas-e-direitos/saiba-o-que-sao-os-alimentos-transgenicos-e-quais-os-seus-riscos>. Acesso em: 5 abr. 2024.

INCA – Instituto Nacional do Câncer. Por menos veneno e mais saúde. **Rede Câncer**, 42. ed., nov. 2018. Disponível em: <https://www.inca.gov.br/sites/ufu.sti.inca.local/files/media/document/rrc-42-capa.pdf>. Acesso em: 27 mar. 2024.

IVU – International Vegetarian Union. **Definitions**. 2013. Disponível em: <https://ivu.org/definitions.html>. Acesso em: 31 mar. 2024.

KINUPP, V. F.; LORENZI, H. **Plantas alimentícias não convencionais (Panc) no Brasil**: guia de identificação, aspectos nutricionais e receitas ilustradas. Nova Odessa: Instituto Plantarum de Estudos Flora, 2014.

KONCHINSKI, V. Brasil usa mais agrotóxicos que Estados Unidos e China juntos. **Brasil de Fato**, 5 fev. 2024. Disponível em: <https://www.brasildefato.com.br/2024/02/05/brasil-usa-mais-agrotoxicos-que-estados-unidos-e-china-juntos>. Acesso em: 20 maio 2024.

LAJOLO, F. M.; MERCADANTE, A. Z. **Química e bioquímica dos alimentos**. Rio de Janeiro: Atheneu, 2017. (Coleção Ciência, Tecnologia, Engenharia de Alimentos e Nutrição, v. 2).

LASAC – Liga Acadêmica de Sustentabilidade e Alimentação Coletiva. **Aproveitamento integral dos alimentos**: um pouco de história e 10 receitas para tornar o desperdício zero! São Paulo: Cejoca/Lasac/USP, 2021. e-Book.

LIVERA, A. V. S.; SALGADO, S. M. **Técnica dietética**: um guia prático. Recife: Ed. da UFPE, 2007.

LLACH, J. et al. Joint Impact of Quality and Environmental Practices on Firm Performance in Small Service Businesses: an Empirical Study of Restaurants. **Journal of Cleaner Production**, v. 44, n. 8, p. 96-104, Apr. 2013. Disponível em: <https://www.sciencedirect.com/science/article/abs/pii/S0959652612005781?via%3Dihub>. Acesso em: 3 abr. 2024.

MAHAN, L. K.; ESCOTT-STUMP. S.; RAYMOND, J. L. **Krause**: alimentos, nutrição e dietoterapia. Tradução de Claudia Coana et al. 12. ed. Rio de Janeiro: Elsevier, 2010.

MARCHI, G. et al. **Elementos-traço e sua relação com qualidade e inocuidade [...]**. Planaltina, DF: Embrapa Cerrados, 2009. Disponível em: <https://ainfo.cnptia.embrapa.br/digital/bitstream/CPAC-2010/31582/1/doc-252.pdf>. Acesso em: 11 maio 2024.

MARTÍNEZ-VILLALUENGA, C.; PEÑAS, E.; HERNÁNDEZ-LEDESMA, B. Pseudocereal grains: Nutritional Value, Health Benefits and Current Applications for the Development of Gluten-Free Foods. **Food and Chemical Toxicology**, v. 137, n. 3, March. 2020. Disponível em: <https://doi.org/10.1016/j.fct.2020.111178>. Acesso em: 20 maio 2024.

MOLD, R. Brownie de feijão. In: SVB – Sociedade Vegetariana Brasileira. **Livro de Receitas Cozinha Show**: VegFest 2018. São Paulo: SVB, 2018. p. 7. Disponível em: <https://materiais.svb.org.br/e-book-cozinha-show-vegfest-2018>. Acesso em: 20 maio 2024.

NELSON, D. L.; COX, M. M. **Princípios de Bioquímica de Lehninger**. Tradução de Carla Dalmaz, Carlos Termignoni e Maria Luiza Saraiva Pereira. 7. ed. Porto Alegre: Artmed, 2019.

NICHOLL, C. **Leonardo da Vinci**: Flights of the Mind. New York: Viking Penguin Books, 2004.

ORNELAS, L. H. **Técnica dietética**: seleção e preparo de alimentos. 8. ed. São Paulo: Atheneu, 2008.

PAULA, N. M. **Evolução do sistema agroalimentar mundial**: contradições e desafios. Curitiba: CRV, 2017.

PHELPS, N. **The Longest Struggle**: Animal Advocacy from Pythagoras to PETA. New York: Lantern Books, 2007

PHILIPPI, S. T. **Nutrição e técnica dietética**. 3. ed. Barueri: Manole, 2014.

PHILIPPI, S. T. **Nutrição e técnica dietética**. 4. ed. Barueri: Manole, 2019.

PIRES, V. C. C.; SEABRA, L. M. J.; ROLIM, P. M. A relação entre a alimentação coletiva e gestão de resíduos: o papel da educação ambiental na redução de desperdício. **Revista Brasileira de Educação Ambiental**, v. 17, n. 5, p. 341-360, out. 2022. Disponível em: <https://periodicos.unifesp.br/index.php/revbea/article/view/12907/10056>. Acesso em: 6 abr. 2024.

PLANTTE. **Como fazer queijo vegano (4 alternativas)**. 5 set. 2022. Disponível em: <https://www.plantte.com/como-fazer-queijo-vegano/#tasty-recipes-2006588-jump-target>. Acesso em: 20 maio 2024.

PLANTTE. **Queijo de castanha-de-caju vegano.** 2 ago. 2023. Disponível em: <https://www.plantte.com/queijo-de-castanha-de-caju/#tasty-recipes-2007153-jump-target>. Acesso em: 20 maio 2024.

RECEITERIA. **Banoffe vegana.** Disponível em: <https://www.receiteria.com.br/receita/banoffee-vegana>. Acesso em: 17 abr. 2024.

SALINAS, R. D. **Alimentos e nutrição:** introdução à bromatologia. Porto Alegre: Artmed, 2002.

SEBRAE – Serviço Brasileiro de Apoio às Pequeno e Microempresas. Gastronomia funcional: entenda como lucrar oferecendo uma alimentação saudável. **Empreendedorismo.** Disponível em: <https://sebrae.com.br/Sebrae/Portal%20Sebrae/Arquivos/ebook_Sebrae_Gastronomia_funcional.pdf>. Acesso em: 12 abr. 2024.

SILVA, A. L. R. et al. Gestão ambiental em serviços de alimentação: importância e desafios. **Revista Científica Multidisciplinar,** v. 2, n. 8, p. 1-15, 2021. Disponível em: <https://recima21.com.br/index.php/recima21/article/view/664/561>. Acesso em: 3 abr. 2024.

SLYWITCH, E. Guia alimentar de dietas vegetarianas para adultos. São Paulo: **SVB – Sociedade Vegetariana Brasileira,** 2012. Disponível em: <https://old.svb.org.br/livros/SVB-GuiaAlimentar-2018.pdf>. Acesso em: 30 mar. 2024.

SLYWITCH, E. **Guia de nutrição vegana para adultos da União Vegetariana Internacional – IVU.** Internacional Vegetarian Union, 2022.

SOARES, K. Bolo trufado de chocolate. In: SVB – Sociedade Vegetariana Brasileira. **Livro de Receitas Cozinha Show:** VegFest 2018. São Paulo: SVB, 2018. p. 6. Disponível em: <https://materiais.svb.org.br/e-book-cozinha-show-vegfest-2018>. Acesso em: 20 maio 2024.

SOSNOSK, A. Sagu com coco e compota de manga. In: Sociedade Vegetariana Brasileira. **Livro de Receitas Cozinha Show:** VegFest 2018. São Paulo: SVB 2018. p. 24. Disponível em: <https://materiais.svb.org.br/e-book-cozinha-show-vegfest-2018>. Acesso em: 20 maio 2024.

STRASBURG, V. J.; JAHNO, V. D. Paradigmas das práticas de gestão ambiental no segmento de produção de refeições no Brasil. **Engenharia Sanitária e Ambiental,** v. 22, n. 1, p. 3-12, jan./fev. 2017. Disponível em: <https://www.scielo.br/j/esa/a/PQBssjV7BhgmDnRT3N4NXDg/?format=pdf&lang=pt>. Acesso em: 3 abr. 2024.

SUSTENTAREA. **Sazonalidade**, 25 abr. 2019. Disponível em: <https://www.fsp.usp.br/sustentarea/2019/04/25/sazonalidade/>. Acesso em: 4 abr. 2024.

SVB – Sociedade Vegetariana Brasileira. **10 sobremesas veganas para você fazer**. Disponível em: <https://old.svb.org.br/images/SVB_ebook-10-sobremesas-veganas.pdf>. Acesso em: 11 abr. 2024.

SVB – Sociedade Vegetariana Brasileira. **Livro de receitas Cozinha Show:** VegFest 2018. Disponível em: <https://materiais.svb.org.br/e-book-cozinha-show-vegfest-2018>. Acesso em: 13 maio 2024.

SVB – Sociedade Vegetariana Brasileira. **Meio ambiente**. Disponível em: <https://svb.org.br/vegetarianismo-e-veganismo/meio-ambiente/>. Acesso em: 31 mar. 2024.

TBCA – Tabela Brasileira de Composição de Alimentos. USP – Universidade de São Paulo (USP). **Food Research Center (FoRC)**. Versão 7.2. São Paulo, 2023. Disponível em: <http://www.fcf.usp.br/tbca>. Acesso em: 14 abr. 2024.

TRICHES, R. M. Dietas saudáveis e sustentáveis no âmbito do sistema alimentar no século XXI. **Saúde Debate**, v. 44, n. 126, p. 881-894, jul./set. 2020. Disponível em: <https://www.scielo.br/j/sdeb/a/gyXnR5ZJv6YLsBdRYKZTsLp/?format=pdf&lang=pt>. Acesso em: 3 abr. 2024.

TRIGUEIRO, A. Consumo, ética e natureza: o veganismo e as interfaces de uma política de vida. **Interthesis**, v. 10, n. 1, p. 237-260, jan./jun. 2013. Disponível em: <https://periodicos.ufsc.br/index.php/interthesis/article/view/1807-1384.2013v10n1p237/24902>. Acesso em: 30 mar. 2024.

TURNER, K. **Vegano? Por que não?** 125 receitas criativas para arrebatar até o carnívoro mais convicto. São Paulo: Alaúde, 2016.

VIEGAS, D. Mercado vegetariano: cada vez mais suculento, saudável e lucrativo. **Abrasel**, 22 dez. 2020. Disponível em: <https://abrasel.com.br/revista/casos-de-sucesso/suculento-saudavel-e-lucrativo/>. Acesso em: 12 maio 2024.

WILLETT, W. et al. Food in the Anthropocene: the EAT-Lancet Commission on Healthy Diets from Sustainable Food Systems. **Lancet**, v. 393, n. 10170, p. 447-492, Feb. 2019.

Respostas

Capítulo 1

Questões para revisão
1. c
2. Sobre os principais fatores que favorecem a popularização das dietas vegetarianas, é possível indicar os estudos científicos que apontam a dieta vegetariana como benéfica para várias questões de saúde, questões relacionadas à sustentabilidade ambiental, maior divulgação de informações sobre a prática da dieta, maior acesso às receitas e o aumento de estabelecimentos alimentício voltados a essa prática.
3. c
4. b
5. A percepção de que os animais são seres sencientes e não devem ser submetidos a qualquer forma de sofrimento.

Questão para reflexão
1. Esperamos que o leitor responda que, para a renovação do cardápio de um restaurante, com a inclusão de modelos alimentares alternativos, é necessária uma pesquisa prévia das alterações encontradas para cada variação do consumo alimentar. É interessante que o leitor observe que, ao retirar a carne e seus derivados, surge uma série de possibilidades igualmente interessantes. É possível investir na vocação agrícola da região, buscando opções vegetais que possam enriquecer as preparações. O uso das Panc também seria uma ótima alternativa, pois elas oferecem diversidade às preparações, além de enriquecer seu valor nutricional.

Capítulo 2

Questões para revisão

1. Carboidratos – Principal fonte de energia do corpo, os carboidratos estão amplamente distribuídos nas fontes alimentares em diferentes proporções. Como principais fontes temos os cereais como o arroz, trigo e milho, os tubérculos como as batatas e aipim, e as frutas.

   Proteínas – As proteínas estão diretamente relacionadas aos processos de construção e reparo dos tecidos. Elas podem ser obtidas a partir de alimentos de origem animal e vegetal. Como fontes de origem animal temos carnes, leite, ovos, iogurte e queijos. Já em relação à proteína vegetal as leguminosas como feijões, grão de bico, lentilha e soja são ótimas opções.

   Lipídios – Os óleos e as gorduras estão relacionadas a absorção das vitaminas A, D, E e K, síntese de hormônios e sais biliares, composição da membrana celular e isolante térmico. Podem ser obtidos a partir das gorduras aparente das carnes, manteiga, creme de leite, óleos vegetais e oleaginosas.

2. b
3. c
4. e
5. Macrominerais: estão envolvidos na formação da estrutura óssea e na regulação dos fluídos corporais e secreções digestivas. Devido a sua importância, o organismo necessita de maiores quantidades desses minerais. Elementos traço: são requeridos em pequenas quantidades e estão envolvidos em reações bioquímicas.

Questão para reflexão

1. Considerando a necessidade de macro e micronutrientes e suas principais fontes alimentares, as principais dificuldades podem estar relacionadas ao consumo de vitamina B12; entretanto, cabe

ressaltar que, mesmo para indivíduos que consomem carne, as deficiências dessa vitamina podem estar associadas a dificuldades na sua absorção.

Capítulo 3
Questões para revisão
1. c
2. c
3. Justificativa: ao combinar um cereal e uma leguminosa na dieta, estamos complementando os perfis de aminoácidos dessas fontes alimentares, o que melhora a qualidade da proteína consumida. Isso ocorre porque os cereais e as leguminosas têm deficiências opostas em aminoácidos essenciais:
   Cereais: são ricos em aminoácidos sulfurados (como metionina e cisteína), mas possuem pouca lisina.
   Leguminosas: são ricas em lisina, mas têm baixos níveis de aminoácidos sulfurados.
   Quando combinados (como arroz com feijão, por exemplo), a deficiência de um alimento é suprida pelo outro, resultando em um perfil de aminoácidos mais completo. Isso é importante porque o corpo humano precisa de todos os aminoácidos essenciais em proporções adequadas para a síntese de proteínas.
   Essa combinação não apenas aumenta a qualidade da proteína, mas também é uma prática culturalmente enraizada em diversas partes do mundo, incluindo o Brasil, onde arroz e feijão são um exemplo clássico dessa complementaridade proteica.
4. 1) Sabor; 2) Aroma; 3) Valor nutricional.
5. a

Questão para reflexão

1. Espera-se que o leitor indique que há o mito de que vegetarianos só comem planta, ou que são fracos, desnutridos, frescos. Assim, será possível entender a percepção das pessoas e refletir de acordo com o conteúdo estudado.

Capítulo 4

Questões para revisão

1. O principal objetivo da gastronomia funcional vegetariana é preservar os nutrientes presentes nos alimentos, ofertando uma preparação nutritiva e rica em sabor.
2. Exemplos de receitas que podem ser utilizadas como entrada: *Bruschetta* e *carpaccio*.
3. d
4. d
5. a

Questões para reflexão

1. Considerando um evento que atenderá ao público onívoro e vegano (vegetariano), espera-se que o leitor indique que utilizaria a opção do *fetuccine ao molho Alfredo com molho de cogumelos* e uma versão de *fetuccine ao molho Alfredo tradicional*, acompanhado de frango. Para um evento mais descontraído, poderia ser servido o sanduíche de almôndega de berinjela ao público vegano e um sanduíche com almôndegas de carne para os indivíduos onívoros.
2. Espera-se que o leitor sugira um empreendimento que venda produtos de higiene e de beleza veganos, como maquiagens, shampoos e condicionadores. Por se tratar de itens de higiene e beleza, o público-alvo desse empreendimento é bem abrangente, desde crianças até idosos.

Capítulo 5

Questões para revisão
1. b
2. Aproveitamento integral dos alimentos.
3. Coleta seletiva, dando destinos adequados para os alimentos, como a transformação do óleo usado nas fritadeiras em produtos de limpeza; a compostagem de resíduos orgânicos e a destinação de restos de alimentos para a alimentação animal, bem como o reaproveitamento de alimentos
4. c
5. d

Questão para reflexão
1. A ideia é que conheçam os tipos de produção realizadas pelos agricultores com quem conversaram, se produzem alimentos por meio convencional, orgânico, agroecológico, agroflorestal, entre outros.
2. Grande parte dos óleos de soja e dos fubás são produzidos com sementes transgênicas, por isso o símbolo de transgênicos está impresso na embalagem desses produtos. Poucas marcas ainda não têm esse símbolo. No caso do fubá, alguns fubás brancos não estampam o símbolo em suas embalagens, mas, entre os amarelos, quase todos. Conhecendo as opções disponíveis no mercado, ficará mais fácil no momento de planejar cardápios e lista de compras, pensando em evitar esses alimentos com o símbolo de transgênicos.

Sobre as autoras

Êmellie Cristine Alves é doutora em Ciências Farmacêuticas (2023) e mestre em Alimentação e Nutrição (2016) pela Universidade Federal do Paraná (UFPR). Especialista em Avaliação e Terapia Nutricional de Pacientes com Enfermidades Renais pelo Instituto Cristina Martins (2013), é graduada em Nutrição (2012) pelo Complexo Universitário do Brasil (UniBrasil). Vegetariana há 12 anos. Atualmente, é docente para os cursos da saúde da UniCesumar – Curitiba.

Natália Ferreira de Paula é doutora em Políticas Públicas (2022) e mestre em Alimentação e Nutrição (2016) pela Universidade Federal do Paraná (UFPR). Especialista em Gestão da Segurança de Alimentos (2013) pelo Senac-PR e graduada em Nutrição (2010) pela Faculdade Evangélica do Paraná (2010). É docente do curso de Nutrição do Centro Universitário Curitiba (UniCuritiba), professora conteudista do curso de Nutrição do Centro Universitário UniDomBosco e do curso de Gastronomia do Centro Universitário Internacional Uninter, além de nutricionista da equipe de coordenação estadual do Programa Mesa Brasil do Sesc – Paraná.

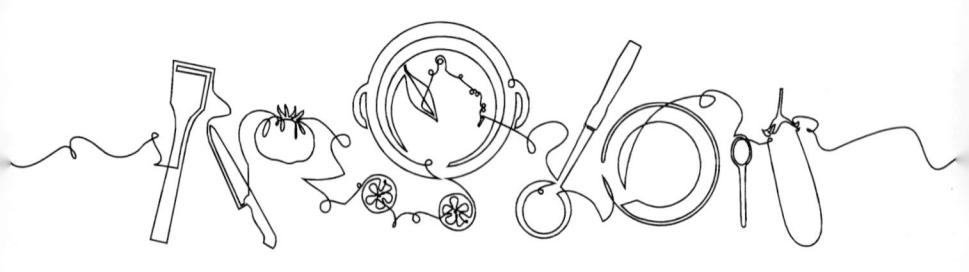

Impressão:
Janeiro/2025